Caminhos da transição democrática brasileira

Lahis da Silva Rosa

Caminhos da transição democrática brasileira

Uma análise a partir da Comissão de Anistia

2021

SÉRIE idp INSTITUTO BRASILEIRO DE ENSINO, DESENVOLVIMENTO E PESQUISA | LINHA Pesquisa Acadêmica

saraiva jur

saraiva EDUCAÇÃO | saraiva jur

Av. Paulista, 901, Edifício CYK, 3º andar
Bela Vista – SP – CEP 01310-100

SAC | sac.sets@saraivaeducacao.com.br

Diretoria executiva	Flávia Alves Bravin
Diretoria editorial	Ana Paula Santos Matos
Gerência editorial e de projetos	Fernando Penteado
Novos projetos	Dalila Costa de Oliveira
Gerência editorial	Isabella Sánchez de Souza
Edição	Deborah Caetano de Freitas Viadana
Produção editorial	Daniele Debora de Souza (coord.) Luciana Cordeiro Shirakawa
Arte e digital	Mônica Landi (coord.) Camilla Felix Cianelli Chaves Claudirene de Moura Santos Silva Deborah Mattos Guilherme H. M. Salvador Tiago Dela Rosa
Projetos e serviços editoriais	Daniela Maria Chaves Carvalho Kelli Priscila Pinto Marília Cordeiro Nicoly Wasconcelos Razuk
Diagramação	Claudirene de Moura Santos Silva
Revisão	Albertina Piva
Capa	Tiago Dela Rosa
Imagem de capa	iStock / Getty Images Plus / murat efe
Produção gráfica	Marli Rampim Sergio Luiz Pereira Lopes
Impressão e acabamento	

DADOS INTERNACIONAIS DE CATALOGAÇÃO NA PUBLICAÇÃO (CIP)
VAGNER RODOLFO DA SILVA - CRB-8/9410

R788c Rosa, Lahis da Silva

Caminhos da transição democrática brasileira: uma análise a partir da Comissão de Anistia / Lahis da Silva Rosa. - São Paulo : Saraiva Educação, 2021.
136 p. – (Série IDP - Linha Pesquisa Acadêmica)

ISBN: 978-65-5559-806-3

1. Direito. 2. Direito Constitucional. 3. Direitos Humanos. 4. Regime Democrático. 5. Democracia. 6. Justiça de Transição. I. Título. II. Série.

CDD 340
2021-1546 CDU 34

Índices para catálogo sistemático:

1. Direito 340
2. Direito 34

Data de fechamento da edição: 10-8-2021

Dúvidas? Acesse www.editorasaraiva.com.br/direito

CL 607121 CAE 773195

Agradecimentos

O mestrado foi um processo que ultrapassou as fronteiras deste texto. Sou grata por tudo que aprendi e pela oportunidade de chegar aqui. A vida me recompensou pela coragem de escolher.

Agradeço à minha família, luz na minha caminhada, se eu venci é porque nós vencemos antes; à Talita, minha companheira de todas as vidas, que com generosidade e afeto me apoiou nesse caminho.

À minha orientadora, Professora Eneá de Stutz e Almeida, que com amor, paciência e dedicação me fez mestre em Direito, obrigada por me acolher.

Agradeço aos meus amigos, com eles eu vou além, especialmente Vitor Burgo, André Ferraço, Breno Francklin, Milena Pinheiro, Emília Joana e Fernanda Lima.

Todos os que de alguma forma passaram pelo meu caminho nesse período são parte desta conquista. Obrigada a tudo que é divino, me conduz e me guia.

Lista de abreviaturas e siglas

ADCT – Ato das Disposições Constitucionais Transitórias
ADPF – Arguição de Descumprimento de Preceito Fundamental
AGU – Advocacia-Geral da União
UNB – Universidade de Brasília
FHC – Fernando Henrique Cardoso
PNDH – Programa Nacional de Direitos Humanos
UFMG – Universidade Federal Minas Gerais
CGU – Controladoria-Geral da União
PUC – Pontifícia Universidade Católica
STF – Supremo Tribunal Federal

Sumário

Agradecimentos 5
Lista de abreviaturas e siglas 7
Apresentação 11
Introdução 15
1 A justiça de transição e a política reparatória 25
1.1 Notas introdutórias e conceituais 25
1.2 As escolhas do processo de transição no Brasil: a reparação como eixo condutor e a Comissão de Anistia eleita para conduzi-lo 33
2 A política de reparação durante o governo de Fernando Henrique Cardoso e Luiz Inácio Lula da Silva (2002-2011) 53
2.1 A triangulação da composição da Comissão de Anistia. 58
2.2 Análise da política de reparação em seu recorte inicial 66
2.3 Análise dos dados apresentados (2002-2011) 78
3 A política de reparação durante o governo de Dilma Rousseff e Michel Temer (2011-2018) 85
3.1 O primeiro mandato de Dilma Rousseff (2011-2014) .. 86
3.2 Segundo mandato de Dilma Rousseff e o *impeachment* (2015-agosto de 2016) 95
3.3 O mandato de Michel Temer (agosto de 2016-2018).... 98
3.4 Análise dos dados apresentados (2011-2018) 109
Considerações finais 115
Referências bibliográficas 127

Apresentação

A tarefa de construir e manter um Estado Democrático de Direito tem se mostrado mais árdua e desafiadora do que se imaginou no final dos anos de 1980. Naquela ocasião já se sabia que seria necessário instituir vários mecanismos para viabilizar a transição do autoritarismo para a democracia. Principalmente com toda a política de esquecimento e de ocultação dos conflitos que regeu o Brasil desde o golpe de Estado em 1964. As aparentes legalidade e falta de ruptura que caracterizaram o estado de exceção também auxiliaram a propalada abertura "lenta, gradual e segura".

Não obstante, tivemos uma Constituição garantidora de direitos em 1988, a qual impôs um processo constitucional da transição no artigo 8º do Ato das Disposições Constitucionais Transitórias (ADCT). Esse dispositivo foi regulamentado pela Lei n. 10.559/2002, que criou a Comissão de Anistia. Essa Comissão, como Lahis Rosa brilhantemente demonstra, foi criada como uma Comissão de Estado para levar a cabo a política constitucional da transição no campo das reparações, da memória e da verdade.

Este livro é fruto da dissertação de mestrado da autora, Lahis Rosa. Ainda não se passaram dois anos da defesa dessa dissertação, mas a percepção é de que mais de uma década já se foi. Quando Lahis realizou sua pesquisa, ainda havia um certo pudor, em especial nas autoridades da República, para elogiar a ditadura, os violadores de direitos humanos e as medidas normativas mais repressoras e autoritárias que já tivemos, como o Ato Institucional n. 5 (AI-5). Entretanto, além de manifestações populares pedindo a volta da ditadura e do AI-5, temos visto, neste pequeno intervalo de tempo, autoridades brasileiras do mais alto escalão ecoando os elogios à barbárie ou mesmo minimizando os horrores do estado de exceção. Isto quando não negam a própria existência dele.

Em tal contexto, a pesquisa desenvolvida pela autora, que já era extremamente importante, ganha contornos de imprescindibilidade. É crucial conhecer como se deu a política constitucional da transição no campo da reparação, antes do seu desmonte. Perceber a importância da política de Estado, cumpridora do mandamento constitucional que objetivava a construção do Estado Democrático de Direito, e o percurso para se transformar em política de governo, não só apequenando a Comissão de Anistia, como também afrontando a própria Constituição.

Com bastante desenvoltura, Lahis apresenta o papel do eixo da reparação para a transição brasileira, e como se deram as diferentes políticas de reparação, de 2002 até 2018. Demonstra os avanços democráticos obtidos quando da implementação de uma política de Estado, compatível com as normas constitucionais, e dos sinais de retrocesso, quando interesses governamentais assumem a política de reparação. Naquela ocasião, repita-se, apenas pouco mais de um ano e meio passados, eram apenas receios de possíveis futuros autoritários a assombrar as mentes dos mais alarmados. Não se cogitava um sério risco para a democracia no Brasil, embora os retrocessos já estivessem em curso.

Em menos de dois anos, aquele momento, em que havia desejo de democracia e liberdade, já parece muito distante. Os tempos presentes são sombrios, com a barbárie bastante próxima, prestes a se apresentar como irreversível e pronta para destruir toda uma luta por avanços democráticos que pressupõem memória, verdade, justiça e reparação. E é exatamente por isso que o trabalho de Lahis Rosa é tão importante: porque ele mostra que é possível um outro caminho; que é possível uma outra narrativa; que são possíveis uma sociedade e um Estado mais justo, solidário e igualitário. Não só isso é possível como já existiu, com muitos resultados positivos para nossa democracia. E não foi há muitos anos. É possível recuperar esse desejo por um Estado Democrático de Direito no Brasil.

Escrevo esta apresentação ainda durante a pandemia do novo corona-vírus, causador da Covid-19, que surpreendeu o mundo inteiro com sua violência e devastação. No Brasil, além dos até agora 150 mil mortos, ainda assistimos, como sociedade, à devastação de diferentes biomas por conta de desmatamentos e queimadas, em muito superior à dos anos precedentes. Esse cenário quase apocalíptico faz com que o sonho de construir um país democrático pareça ainda mais utópico, já que a luta pela sobrevivência básica está em jogo; porquanto a crise econômica é também sem precedentes.

É justamente por isso que a leitura do trabalho de Lahis Rosa se torna imprescindível. Porque nos lembra que não apenas devemos sobreviver, mas precisamos voltar a desejar a democracia e lutar por um país mais justo e solidário. Isso já aconteceu, e há muito pouco tempo; isso é possível, mas requer tenacidade e coragem para cumprir o mandamento constitucional da transição. E esse mandamento tem como carro-chefe a reparação, a qual deve ser conduzida pela Comissão de Anistia.

Conhecer a trajetória da Comissão de Anistia é o primeiro passo para voltar a sonhar. Para recuperar seu *status* de Comissão de Estado, é necessário entender como se deu essa construção e os sinais de sua desconstrução. E para tanto, felizmente, um caminho é a leitura do trabalho a seguir. É tempo de voltar a sonhar. É tempo de aprender com Lahis como reorientar o processo de transição no Brasil.

Boa leitura a todas e todos.

Brasília, primavera de 2020

Eneá de Stutz e Almeida

Introdução

A construção desta pesquisa teve em seu caminho diversas intercorrências com intensa capacidade de construção, até que se consolidasse o momento da escrita. O caminho da revisão bibliográfica, da participação em grupos de pesquisa, encontros nacionais e internacionais e, principalmente, da observação do que se enxerga como justiça de transição no âmbito do programa de pós-graduação em Direito consolidaram um conjunto de elementos sem os quais não seria possível prosseguir nesta dimensão do estudo.

No decorrer dos anos de imersão na produção da dissertação (2017-2018), observou-se um desmonte das políticas voltadas à transição democrática no País. A Comissão de Anistia, antes atuante em diversos sentidos, com movimentações de produções literárias, audiovisuais e simbólicas, passava a ocupar um lugar diferente, com travamentos administrativos, alterações significativas em sua estrutura de funcionamento, questionamentos sobre a legitimidade de sua existência e substituição de membros por conselheiros deslocados do perfil percebido até então. Esses fatos despertaram um questionamento sobre o local ocupado pelas políticas transitórias no Estado brasileiro, o local de reflexão da justiça de transição no âmbito acadêmico e as concepções sociais sobre a necessária consolidação de uma cultura democrática, pretensão final da justiça de transição. Faz-se necessário afirmar o conteúdo sólido dos propósitos da transição, considerando os pressupostos, as particularidades de sua sociedade e observando que "tão importante quanto a realização de eleições ou a existência de uma boa declaração de direitos na Constituição é analisar a atitude dos sujeitos sociais em relação a esses atributos" (AVRITZER, 1996), o que não pode ser esquecido em momento algum no longo processo de redemocratização.

Na aproximação com o tema, consolidou-se uma atenção especial para a política de reparação, então conduzida pela Comissão de Anistia, que era alvo de desmobilizações e desmontes institucionais, refletindo uma instabilidade quanto à gestão das políticas voltadas à consolidação da redemocratização do País. Cruzando essas constatações com os conhecimentos decorrentes das teorias de Estado oriundas da Ciência Política, foi possível observar indícios de inconstância nas ações do Estado, que só podem se confirmar com uma exposição analítica das percepções, o que pretendemos fazer neste trabalho.

Com isso, partindo dos pressupostos de que políticas de Estado e políticas de Governo são categorias distintas e que são direcionadas por princípios e valores diferentes dentro de um Estado Democrático de Direito (DE ALMEIDA, 2009), considerando ainda que a reparação é a política de transição em estágio mais avançado, que se apresenta como eixo condutor desse processo no País[1], conclui-se, portanto, que ela merece um recorte aprofundado nos estudos desse campo científico. Este trabalho buscará responder à seguinte questão central: a política de reparação prevista no art. 8º do Ato das Disposições Constitucionais Transitória consolidou-se no Brasil como uma política de Estado ou como política de Governo?

Destaca-se que essa análise nos permitirá, a princípio, confrontar a práxis estatal com as escolhas da Constituinte e ainda fazer a análise global do caminho eleito pelo país para sua transição democrática, o espaço que ocupa na agenda estatal a renovação do

1 Paulo Abrão e Marcelo Torelly assinalam que o programa de reparação se apresenta como o eixo estruturante da justiça de transição no Brasil, com destaque para o papel fundamental da Comissão de Anistia na condução desta política (ABRÃO; TORELLY, 2011).

compromisso com a democracia e a democratização, bem como o alcance dos sentidos pretendidos pela reparação[2].

Esta pesquisa tem como objetivo geral analisar os direcionamentos da política de reparação no Brasil e constatar se, no recorte proposto, esta foi conduzida como política de Estado ou política de Governo. Para tanto, será necessário percorrer alguns objetivos específicos, tais como compreender os principais aportes teóricos sobre as categorias analisadas, estruturar e analisar as composições da Comissão de Anistia, apresentar as questões contextuais que cercam a Comissão no decorrer do recorte temporal, relacionar os dados auferidos com os conceitos de política de Estado e de Governo e, por fim, concluir sobre os enquadramentos temporais de análise.

Tais objetivos só podem ser alcançados com o traçar de um desenho metodológico específico, capaz de conduzir o estudo de forma lógica e coesa. Com essa concepção, buscaremos nesta introdução esclarecer a direção eleita. Assim, na primeira parte da dissertação serão apresentados os pressupostos teóricos da justiça de transição e da teoria política que fundamenta as políticas estatais e governamentais, aqueles sem os quais não se pode compreender o acúmulo teórico existente no âmbito pesquisado. Dessa forma, o primeiro capítulo será estruturado buscando apresentar as categorias responsáveis pelas análises do trabalho. Para isso será usada a metodologia de revisão bibliográfica, buscando o alcance dos principais pensadores desse campo de pesquisa.

Aclaradas as chaves de análise basilares do estudo, o caminho seguinte será responsável por iniciar o recorte de pesquisa

---

2 A reparação não deve ser considerada somente como a compensação econômica por violações promovidas pelo Estado, uma vez que se manifesta em outros aspectos, alcançando novos sentidos, tais como a reparação psicológica – impulsionada por projetos como a clínica do testemunho (atendimento psicológico aos anistiados), e a reparação social – assinalada pela construção de uma memória coletiva, como observado nas Caravanas da Anistia promovidas pelo Ministério da Justiça nas localidades para gerar a criação de um a memória coletiva da sociedade sobre o período militar no Brasil e suas consequências (ABRÃO; TORELLY, 2011).

proposto e analisar a política constitucional de reparação pelo viés de atuação da Comissão de Anistia e compreender em qual política esta se encaixa. É relevante destacar, neste momento, que o trabalho centrará suas análises nessa política constitucional de reparação, portanto, analisaremos a categoria com profundidade mais ampla que as demais[3], sem deixá-las fora do campo de visão, uma vez que fundamentais para a construção dos argumentos centrais do trabalho.

Dessa forma, ainda no momento de explicitar os fundamentos bibliográficos, passaremos à análise de como os estudos enxergam a reparação e o papel da Comissão de Anistia nesse processo, o que nos coloca diante da justificativa do recorte aqui eleito para realizar a percepção do processo social e estatal sobre o qual nos debruçaremos. Conforme dito anteriormente, esse momento ainda integra a etapa da solidificação teórica desta análise e, sendo assim, a metodologia mais indicada, e da qual faremos uso, é a de revisão bibliográfica.

Na segunda parte do trabalho passaremos à análise de dados. Esse momento, dividido em dois capítulos, apresentará de forma sistêmica dois grupos de dados em dois recortes temporais diversos. O primeiro deles é o que agrupa os arranjos da Comissão de Anistia em cada ano, colhendo informações do próprio Ministério da Justiça, que, em consulta pública forneceu as composições anuais, listando todos os conselheiros que passaram pela Comissão a cada ano de funcionamento. Nesse primeiro momento, para perceber o aspecto da governança (GRINDLE, 2004) na política de reparação, elegemos observar os condutores dessa política em seus diversos níveis, que são compostos por presidente(a) da República, ministro(a) da Justiça e conselheiros da Comissão de Anistia.

No entanto, faz-se necessário destacar, desde já, que o eleito para a Presidência da República é a autoridade responsável por

---

3 No âmbito da justiça de transição, a literatura divide as formas de atuação para a consolidação da democracia em alguns eixos, dentre eles memória e verdade, reparação, justiça e reforma das instituições (ALMEIDA, 2017).

zelar pelo cumprimento das políticas constitucionais e, portanto, da política de reparação, bem como o ministro da Justiça[4] é aquele designado por lei para no âmbito de seu ministério zelar pelo cumprimento da agenda reparatória e designar os conselheiros da Comissão de Anistia, responsáveis diretos para assessorá-lo nesse sentido. Na análise proposta, observaremos como ponto focal a composição da Comissão de Anistia para perceber o enfoque estatal sobre tais políticas, considerando que seus conselheiros são os desenvolvedores diretos da transição democrática pela via da reparação e refletem as escolhas das demais autoridades responsáveis já listadas.

Para tanto, este trabalho buscou um elemento objetivo capaz de demonstrar o perfil dos designados para conduzir tal política, qual seja a inserção social pela via da qualificação profissional. Isto é, para compor a conjunção que se pretende observar, consideraremos como categoria de análise o vínculo laboral como forma de demonstrar a inserção social dos conselheiros. Quando somados os perfis de cada conselheiro responsável pela condução da política de reparação, alcançaremos o arranjo estrutural da Comissão de Anistia, o que nos permitirá prosseguir na análise pretendida.

Como segundo grupo de dados, tem-se a análise contextual dos períodos, que busca perceber os projetos desenvolvidos pela Comissão de Anistia, suas alterações estruturais e normativas, bem como os contextos políticos internos e externos que influem no percurso das ações promovidas pela Comissão nos respectivos períodos. Essa abordagem busca observar os fluxos e refluxos da consolidação da redemocratização pela via da justiça de transição no Brasil.

É basilar neste momento informar o recorte temporal estabelecido como escolha metodológica de condução do trabalho, isso

---

4 O artigo 70 da Medida Provisória n. 870, de janeiro de 2019, alterou esta competência para o Ministério da Mulher, Família e Direitos Humanos, retirando do âmbito do Ministério da Justiça a condução da política de reparação no Brasil.

porque a política de reparação deriva de um processo histórico e, portanto, é assinalada por ocorrências estruturais e conjunturais que podem ser sinalizadas pela demarcação temporal. Além disso, para que se classifique em qual âmbito uma política conduzida pelo Governo Federal se enquadra, é necessário perpassar as temporalidades pelas quais ela foi viabilizada. Esse momento nos indica uma necessária digressão da política de reparação para que se compreendam as escolhas de percurso realizadas na elaboração do trabalho.

Com isso, é necessário rememorar, de forma breve, que entre 1964 e o ano de promulgação da Constituição Federal (1988)[5] o País esteve sob a égide do autoritarismo comandado pelos militares, que implicou em mais de vinte anos de repressão, violência, tortura e restrição de direitos fundamentais. Por outra via, a convocação da Constituinte, já no seu instrumento de iniciação, a Emenda Constitucional n. 26/85, apontava[6] o reconhecimento dos deméritos do Estado brasileiro naquele período e a necessária adoção de uma política de transição[7] para balizar a trajetória do autoritarismo para a democracia.

Com a edição da Constituição Federal de 1988, registrou-se no artigo 8º do Ato das Disposições Constitucionais Transitórias a eleição da justiça de transição[8] e seus respectivos eixos como forma

---

5 Considera-se como pressuposto deste trabalho que a consolidação da abertura democrática somente ocorreu em 1988, com a promulgação da Constituição Federal, conforme destaca Daniel Aarão Reis Filho (REIS FILHO, 2014).

6 Importante destacar que a Lei n. 6.683/79, que inicia o movimento de anistia no Brasil, representa o reconhecimento de uma necessária transição para a finalização do período autoritário, conforme se observa na literalidade da lei, disponível em: http://www.planalto.gov.br/ccivil_03/LEIS/L6683.htm.

7 O artigo 4º da Emenda Constitucional n. 26 afirma a garantia de anistia aos perseguidos políticos e implementação de um sistema de reparações que demonstra o reconhecimento do Estado brasileiro do seu dever de indenizar os cidadãos afetados pela ditadura.

8 Formalizada pela Organização das Nações Unidas como mecanismos jurídicos e políticos, que servem como ferramentas para sociedades pós-

de perpassar os vestígios autoritários deixados em nossas estruturas sociais e institucionais. Dentre estes eixos constituídos pela literatura (ALMEIDA, 2017) – memória e verdade, reparação, justiça e reforma das instituições –, os dois primeiros foram legalmente estabelecidos e desenvolvidos pelo Estado brasileiro[9].

Conforme preconizado no já citado artigo 8º da ADCT foi editada a Lei n. 10.559/2002 com a finalidade de regular a política constitucional de reparação e criar a Comissão de Anistia como responsável pela condução e implementação dessa política. Assim, a política Constitucional de reparação, foi estruturada de acordo com o previsto na referida lei[10], que se materializa nos julgamentos dos conselheiros nos requerimentos dos cidadãos atingidos. Esses julgamentos ganharam amplitude com os diversos projetos desenvolvidos pela Comissão de Anistia, a exemplo das Caravanas da Anistia, que deslocando a Comissão para diversas localidades do País buscava julgar os requerimentos dos cidadãos locais e revelar àquela comunidade a história vivida no período ditatorial (ABRÃO, 2009).

Visto isso, ainda que a política de reparação tenha surgido na edição da Constituição Federal, usaremos como marco inicial a edição da Lei n. 10.559, promulgada em 2002, considerando que

---

-conflito que lidam com o legado de violações de direitos humanos em massa (TORELLY, 2015).

9 É importante ressaltar que a previsão constitucional versa somente sobre o necessário regramento da reparação, sendo que, posteriormente, foi oficializado pelo Estado o desenvolvimento do eixo de memória no âmbito da Comissão de Anistia, o que ocorre com a edição do Decreto n. 8.031/2013 e da Portaria n. 29, de janeiro de 2018.

10 Destaca-se que, antes da Comissão de Anistia, a Comissão Especial sobre Mortos e Desaparecidos Políticos (CEMDP), criada pela Lei n. 9.140/95, foi responsável por identificar os cidadãos nessa condição, reconhecê-los e reparar suas famílias, nos casos requeridos. No entanto, o recorte desse trabalho privilegiou a atuação da Comissão de Anistia, em decorrência da condução das políticas de memória e reparação de forma conjunta. Informações obtidas em: http://cemdp.sdh.gov.br/modules/wfchannel/index.php?pagenum=1.

só a partir desse momento acontece de fato a atuação estatal no âmbito das políticas de reparação no Brasil. Da mesma forma, como pretendemos analisar a cadeia de decisões do Estado para classificar essa política como estatal ou governamental, usaremos como recorte temporal os mandatos do Governo Federal. Nesse sentido, serão analisados os intervalos temporais entre 2002 e 2011[11] e entre 2011 e 2018[12].

Seguindo a formatação já apresentada anteriormente, analisaremos os períodos de governo em momentos separados, com seções específicas para cada um deles. No entanto, para manter melhor análise comparativa dos dados, usaremos as mesmas chaves de análises para esses períodos distintos. Como metodologia para abordar os aspectos destacados usaremos a análise documental, com análise qualitativa dos dados sistematizados.

A escolha metodológica para o trabalho acompanha os dois momentos de análise. Inicialmente será feita a necessária busca de material bibliográfico para aporte teórico do trabalho, com o aprofundamento de análise das principais categorias estudadas e compreensão da dimensão ocupada pelas teorias de transição na consolidação da redemocratização, o que será feito com o uso da revisão de literatura (CRESWELL, 2010). Em seguida, usaremos para a construção sistemática dos dados a pesquisa documental com abordagem qualitativa (YIN, 2016), buscando a percepção dos dados e cruzamento das conclusões alcançadas.

Percorrido esse caminho e consolidado o aspecto teórico do trabalho em conjunção com a análise dos dados, passaremos à ex-

---

11 Destaca-se que, entre 2002 e 2003, o presidente eleito do Brasil era Fernando Henrique Cardoso, que entrará nesta análise com os devidos destaques pela promulgação da Lei n. 10.559, fundamental para nosso estudo. Da mesma forma, este recorte analisará os dois mandatos de Luiz Inácio Lula da Silva entre 2003 e 2011.

12 O segundo recorte analisará o mandato da presidenta eleita Dilma Rousseff e ainda a sucessão do vice-presidente Michel Temer a partir de agosto de 2016, com o *impeachment* da então presidenta, considerando as particularidades do período.

posição das conclusões sobre a condução da política reparatória em seus multiníveis e, por consequência, a condução da redemocratização no Brasil. Tais conclusões serão extraídas do cruzamento das análises realizadas no decorrer do trabalho, apresentando percepções sólidas que nos permitiram analisar de maneira global e com forte aproximação da realidade o desenho institucional do processo de transição no País.

1

A justiça de transição e a política reparatória

Esta pesquisa é dividida em duas partes fundamentais, quais sejam a construção do aporte teórico do trabalho e a análise documental de dados. Dessa forma, iniciaremos pelo aporte teórico do campo da justiça de transição, com o objetivo de conceituar as principais categorias analisadas neste trabalho e desenvolver os argumentos sem os quais não é possível compreender o que pretende analisar este trabalho. Para isso, apontaremos as principais literaturas sobre justiça de transição, políticas de reparação, Estado e Governo, bem como o substrato que compõe a construção pretendida para, então, passarmos à análise dos dados colhidos. Destaca-se, por fim, que, neste primeiro momento, usaremos a metodologia de revisão bibliográfica, sendo esta mais adequada aos objetivos desta etapa do estudo.

1.1 NOTAS INTRODUTÓRIAS E CONCEITUAIS

O estudo da justiça de transição aplicado à uma sociedade pressupõe o conhecimento de que esse conceito foi desenvolvido para reestabelecer – ou mesmo estabelecer de forma originária[1] – a

---

1 Este aspecto é referente àqueles territórios que não usufruíam da vigência da democracia em período anterior à predominância dos regimes autoritários, sendo que nesses casos foi preciso estabelecer de maneira originá-

democracia em sociedades que passam por um conflito ou que acabaram de passar por um, sendo tais conflitos marcados pelo autoritarismo estatal e a massiva violação de direitos humanos naquela sociedade.

Entretanto, para alcançar a percepção aqui pretendida, faz-se necessário abordar essa categoria de forma mais profunda, recorrendo, inclusive, a um dos postulados da transição, a memória, uma vez que, só com a clareza de como foi construído o caminho para sua concepção, é possível perceber como chegamos ao ponto atual de tal entendimento.

Cabe ressaltar que as experiências decorrentes da superação social da Alemanha pós-nazismo são, de fato, a marca de partida da construção dos conceitos de transição (ELSTER, 2006). Isso porque as experiências punitivas e memoriais alemãs nesse período são usadas como modelo para analisar as sociedades recém-saídas de um conflito, o que foi chamado pelo campo de pesquisa de primeira fase da justiça de transição no mundo, quando eram julgados os casos de violação aos direitos humanos analisados com base no Direito Internacional no Tribunal de Nuremberg (TEITEL, 2000). Isso dava grande credibilidade aos julgamentos e promovia repercussão mundial a exemplo do que ocorria na região.

Em um segundo momento, a partir de 1970, quando o cenário político mundial ganhou outra perspectiva, com o advento da guerra fria e o clima de tensão entre as principais potências mundiais, a validação internacional das punições já deixa de figurar no cenário dos tribunais de forma constante, sendo que as cortes internas passam a atuar de forma mais intensa e surgem as primeiras comissões da verdade. A pioneira foi inaugurada na Argentina em 1983 (TEITEL, 2000), demonstrando um descrédito acumulado nas instituições promotoras do direito internacional, bem como uma busca dos próprios países por uma saída para reestabelecer a democracia e extirpar o autoritarismo como característica dos governos.

---

ria o modelo democrático, não se encontrando um parâmetro social do modelo democrático na visão daquela localidade.

No entanto, a partir de 1990, essa teoria passa a figurar no campo teórico como parte da doutrina, ganhando uma nova roupagem, com o abandono do viés exclusivamente punitivo e a abordagem multifacetada (TEITEL, 2000), com participações administrativas e o incentivo à promoção de políticas públicas nesse sentido, consolidando-se de fato pelo documento oficial da ONU em 2004.

Esse documento apresenta, em síntese, algumas impressões da ONU colhidas depois de mais de uma década de trabalho com as sociedades em conflito e recém-saídas de um cenário conflituoso (ONU, S/2004, 616). Além de narrar os principais aspectos que fazem a experiência transicional proveitosa, tais como comissões da verdade, reparações e processamento dos violadores de direitos humanos, o conselheiro responsável pela elaboração do relatório retrata de forma significativa a preocupação da comunidade internacional com a necessidade de superar de forma concreta os embates sociais em cada país. Entretanto o que salta aos olhos é a preocupação da ONU com a individualização de cada um deles.

Resta clara essa intenção na leitura do documento que, a todo tempo se preocupa em evidenciar que a comunidade internacional necessita de um olhar mais empático com as necessidades de cada país, prestando-se a promover o alcance do que almeja para aquela sociedade sem a necessária importação de modelos externos. Assim, o relatório deixa claro que, com o acúmulo de vivências em sociedades pós-conflitos, depreendeu-se o conhecimento de que "abordagens eficazes e sustentáveis começam com uma análise completa das necessidades e competências nacionais, mobilizando ao máximo possível o conhecimento específico presente no país (ONU, S/2004, 616)".

Essa reflexão merece ser o ponto de partida do que pretende a Organização das Nações Unidas ao lançar de forma oficial esse conceito na comunidade internacional, visto que a justiça de transição, mesmo que se estabelecendo em eixos estáticos que são observados de forma comum entre os estudiosos que debatem o campo, devem ser compreendidos de forma dinâmica, de acordo com o contexto político e social da localidade pós-conflito em análise. Nesse ponto, fixa-se, inicialmente, que a interpretação de justiça de transição aqui em estudo tem como base a realidade sociopolítica do Brasil, uma vez que se desenvolve a partir de tal contexto.

A partir dessa formalização da ONU, a justiça de transição passa a ser uma pauta tratada de forma peculiar por cada Estado recém-saído de conflitos com graves violações de direitos humanos, sendo aplicada nos moldes adequados às devastações sofridas em cada localidade, mas pautando-se em alguns fundamentos comuns. Dessa forma, o conceito pode ser sintetizado como o conjunto dos métodos adotados nos processos que visam realizar a transição de um regime autoritário ou totalitário para um regime democrático (TOSI; SILVA, 2014). Nesse conjunto encontramos os chamados eixos da justiça de transição[2], quais sejam: memória e verdade, reparação, persecução dos violadores de direitos humanos e reforma das instituições.

Faz-se necessário, para compreender o objeto de estudo aqui apresentado, discorrer de forma breve sobre cada um destes eixos, até mesmo para que se compreenda a relevância do trabalho e sua inserção no contexto social brasileiro. Mesmo porque, nos moldes da transição, estabeleceu-se nos países latinos, uma agenda de tarefas que buscam: documentar o passado; conhecer a verdade; reparar as vítimas; aplicar justiça; e fazer memória sobre o passado (VALDEZ, 2014).

Em um primeiro momento trataremos aqui da categoria da memória e verdade; nessa perspectiva, a categoria de memória no

---

2 É basilar destacar que a justiça de transição é uma prática voltada à consolidação do Estado Democrático, uma vez que a abertura política não é garantia da permanência dessa forma de governo. Nesse sentido, importante destacar que: "(...) Uma coisa são as manobras políticas necessárias para que um país possa sair de uma situação de ditadura e autoritarismo institucional rumo a um regime democrático, com eleições diretas, secretas e periódicas, fim da censura, exercício da liberdade de expressão e associação, e uma Constituição garantidora; outra coisa é o estabelecimento de uma pauta transformadora da sociedade como fundamento mesmo da nova ordem constitucional, e que traz, na sua marca identitária, o repúdio aos crimes contra a humanidade e a toda sorte de violações de direitos humanos" (SILVA FILHO, 2015, p. 134).

âmbito da transição não se relaciona com seu conceito tradicional de compilação de fatos e ocorrências organizadas de maneira individual, mas sim com sua formação coletiva de ressignificações dos momentos de construção da história do País para a concepção do presente comprometido com a verdade (ALMEIDA, 2017).

Essa percepção é obtida a partir da compreensão de François Ost (2005) sobre a constituição complexa do passado, formada a partir de quatro pilares fundamentais. No primeiro deles o autor estabelece que a memória é social e não individual, desse modo as construções são formadas a partir de significados coletivos inseridos em cada grupo. O segundo pilar refere-se à produção da memória a partir do presente e não o contrário, o que nos conduz a perceber que a construção do passado é feita por reflexões situadas no momento presente e envolta pelos significados daquela coletividade. O terceiro afirma que a memória é por essência voluntária, e sua ação só ocorre por impulso, está adstrita ao elemento de vontade dos que a constroem. O quarto, por fim, estabelece que "a memória não se opõe ao esquecimento, mas antes o pressupõe", vinculando relação clara com a construção de uma memória social e as escolhas de esquecimentos relevantes (OST, 2005).

Nessa perspectiva, quando surge a categoria da memória e verdade, ela se refere à construção do passado a partir de ressignificações do presente, situada em recortes sociais de relevância. Com isso, surgem dimensões referentes ao reconhecimento da importância de voltar o olhar ao passado, de documentar o período autoritário e ainda de levar em consideração as políticas de acesso a esses documentos, isto é, não basta que o passado esteja documentado, é essencial pensar também se, e como, ele estará disponível (VALDEZ, 2014). Em suma, a construção da memória é relevante à construção da coletividade e das projeções que a sociedade faz sobre os períodos históricos por ela vividos, o que reforça o compromisso com a consolidação de um Estado Democrático de Direito[3].

---

3 Neste sentido, em uma importante lição para o estudo da construção da memória coletiva, assim afirma François Ost: "(...) recolher os dividendos do passado, mas também de pagar as dívidas que aí foram contraídas.

Neste sentido, é preciso enxergar o direito à verdade para além do âmbito individual, capaz de conceder ao indivíduo a veracidade dos fatos sobre sua história; faz-se necessário alcançar o viés coletivo desse direito, indispensável à construção de uma memória social. Tal construção é formada por narrativas plurais dos fatos, cercadas por elementos específicos que nos revelam a realidade dos acontecimentos responsáveis pela formação de nossa sociedade atual; e só com essa consciência será possível alcançar o comprometimento das gerações com a montagem de um futuro baseado na justiça social.

No que tange à persecução dos violadores de direitos humanos, eixo conhecido também como o de justiça, é preciso ressaltar alguns aspectos. O primeiro deles é que a dimensão de persecução é jurídica e administrativa, não estamos tratando da busca da responsabilização civil pura e simples dos agentes do Estado que, de maneira comprovada, violaram direitos humanos no período militar. Esse viés estabelece uma análise necessária do contexto de estado de exceção e dos atos praticados por civis e militares que, para garantir interesses do Estado brasileiro, atuavam de maneira arbitrária, excessiva e violadora diante dos cidadãos (ALMEIDA, 2017).

Essa persecução esbarra em alguns argumentos legalistas que se difundem principalmente no Brasil, sendo relacionados à prescrição dos crimes praticados por agentes, uma vez que supostamente o decurso do tempo teria acarretado a prescrição dessas ações e, ainda, o uso do princípio da irretroatividade da lei penal, que afirma que as leis penais são aplicadas a seu tempo e não pode uma ação de períodos passados ser punida com lei do tempo presente.

Somado a isso, outros óbices são colocados ao desenvolvimento do eixo de justiça no Brasil, como o julgamento da ADPF 153[4], o

---

Assumir a herança será, pois, reativar simultaneamente o que, do passado, ainda é portador de sentido, mas também assumir as responsabilidades em relação aos erros de ontem, no duplo sentido da reparação do mal feito às vítimas e da recusa de tudo o que pôde conduzir a tais erros" (OST, 1999, p. 150).

4 A Ação de Descumprimento de Preceito Fundamental "que visava discu-

que nos impede de tocar nessa parte relevante de nossa construção social, que busca julgar os atos de exceção e responsabilizar os agentes que em ação conjunta com o Estado brasileiro se propuseram a violar direitos de cidadãos. Destaca-se que essa dimensão da justiça de transição tem reflexos significativos nas demais, sendo a justiça também uma forma de reparação, de construção da memória e de reforma das instituições.

Quando tratamos das ações voltadas para a reforma das instituições, estamos nos referindo à busca do rompimento com as estruturas deixadas pelo regime autoritário e que se manifestam no âmbito do Estado Democrático, considerando que o período militar que se instaurou no Brasil a partir de 1964 promoveu duras intromissões nas instituições do País, instaurando métodos próprios do autoritarismo, que muitas vezes dificultam a adesão à uma cultura democrática nas instituições estatais do País (O'DONNELL; SCHMITTER, 1986).

Assim, no eixo transicional voltado à reformulação das instituições, é preciso programar ações que buscam expulsar dos espaços governamentais, normativos e institucionais todos os vestígios deixados pelo regime autoritário e que os reproduzem. Entretanto, esse processo é complexo e não se finaliza com a substituição de legislações vigentes no período autoritário por textos legais mais similares ao contexto democrático, sendo que, quando se restringe a esse ponto, as reformas não se sucedem. Isso porque ocorrerá um descompasso entre o discurso legal e a ação dos agentes públicos ou das práticas institucionais, visto que os traços autoritários ainda os permeiam (AVRITZER, 1996).

A compreensão da reforma das instituições deve perpassar dois âmbitos principais, quais sejam: da formação das instituições esta-

tir a não recepção pela Constituição Federal da Lei de Anistia de 1979, justamente por não ter sido a esperada anistia ampla, geral e irrestrita", (ALMEIDA, 2017), foi julgada pelo STF em 2010, com resultado positivo indicando que houve recepção da referida lei, criando mais um impasse à consolidação da justiça nesse âmbito.

tais[5] e, ainda, o das relações entre o binômio estado-sociedade. Dessa forma, na primeira dessas manifestações, serão tratadas as alterações estruturais, normativas e formais de uma instituição, considerando que para que ela advenha de um Estado autoritário e permaneça em um Estado Democrático de Direito, esta deve passar pelas reformulações devidas, visto que são incompatíveis as conduções governamentais.

Por outra via, ao analisar a relação entre o estado e a sociedade, será necessário olhar atentamente para o modo de o Estado se relacionar com seus cidadãos e dos cidadãos se relacionarem com o Estado, considerando que para que se consolide o Estado Democrático de Direito é preciso privilegiar "a incorporação de uma cultura democrática pelos atores políticos e a inserção da democracia no interior do processo de mudança do repertório da ação social"[6] (AVRITZER, 1996), considerando ainda que a forma como o Estado enxerga o cidadão e como o cidadão enxerga o Estado também caracteriza a aproximação de uma democracia ou de um Estado autoritário.

No tocante à reparação, categoria com a qual trabalharemos neste estudo, é preciso ultrapassar o conceito tradicional associado à indenização financeira e perceber que, no âmbito da justiça de transição, "a reparação pode, e deve, assumir diversas formas com vistas a dar conta da complexidade das obrigações decorrentes do

---

5 As instituições são estruturas estabelecidas para gerir e instituir mecanismos de ordem social, buscando a estabilidade e ao mesmo tempo acompanhar os avanços necessários à sua permanência (ALMEIDA; ROSA, 2018).

6 Sobre a cultura política, em escritos mais recentes, Avritzer apresenta a importante reflexão: "A democratização, no caso brasileiro, significou o surgimento de duas culturas políticas: uma democrática e vinculada aos movimentos sociais e civis democratizantes e uma outra, a predominante no nosso processo de modernização que persiste com as suas práticas tradicionais. Em uma tal situação, seria de se esperar que a democratização produzisse crise ao invés de estabilidade (...). A democratização brasileira virá, precisamente, se essa disputa [o funcionamento do Estado e do mercado *vs* as regras da convivência democrática] encontrar uma solução favorável à sociedade" (AVRITZER, 2012).

reconhecimento da responsabilidade por violações a direitos e pelos danos causados" (ALMEIDA; LIMA, 2017).

É preciso enxergar que a reparação no processo de transição brasileiro atinge dimensões materiais, psicológicas, sociais e simbólicas, uma vez que o reconhecimento de um anistiado político não tem seus efeitos restringidos ao âmbito individual e atinge a coletividade do reconhecimento estatal das violações anteriormente promovidas e o compromisso da não repetição, o que sinaliza para a pactuação com os princípios democráticos.

Não se trata de uma simples responsabilização civil do Estado, com a finalidade de pagar uma quantia devida a determinado cidadão, a reparação na justiça de transição é a dimensão de compensação e reconhecimento do Estado da prática de atos de exceção contra os cidadãos e, ainda, do comprometimento da não repetição (ALMEIDA, 2017). Esse eixo da justiça de transição se desenvolveu de forma ímpar no Brasil, com manifestação expressa da Constituinte neste sentido[7], sendo, por esse motivo, o eixo eleito pela pesquisa para maior aprofundamento e análise de desenvolvimento.

Assim, perpassados os fundamentos teóricos da justiça de transição, é necessário analisar, de acordo com o recorte proposto, outras dimensões da reparação e como esta se concretizou no âmbito normativo, jurídico, administrativo e prático, para nos aproximarmos do nosso objeto de estudo, como faremos a seguir.

1.2 AS ESCOLHAS DO PROCESSO DE TRANSIÇÃO NO BRASIL: A REPARAÇÃO COMO EIXO CONDUTOR E A COMISSÃO DE ANISTIA ELEITA PARA CONDUZI-LO

Para que não se perca o contexto da análise, é necessário rememorar de forma breve que, entre 1964 e o ano de promulgação

---

7 ANAIS DA ASSEMBLEIA CONSTITUINTE. Disponível em: http://www.senado.leg.br/publicacoes/anais/asp/CT_Abertura.asp. Acesso em: 18 set. 2017.

da Constituição Federal (1988)[8], o País esteve sob a égide do autoritarismo comandado pelos militares, que implicou em mais de vinte anos de repressão, violência, tortura e restrição de direitos fundamentais. Por outra via, a convocação da Constituinte, já no seu instrumento de iniciação, a Emenda Constitucional n. 26/85, apontava[9] o reconhecimento dos deméritos do Estado brasileiro neste período e a necessária adoção de uma política de transição[10] para balizar a trajetória do autoritarismo para a democracia.

Com a edição da Constituição Federal de 1988, registrou-se no artigo 8º do Ato das Disposições Constitucionais Transitórias a eleição da justiça de transição[11] e seus respectivos eixos, já aqui apresentados, como forma de perpassar os vestígios autoritários deixados em nossas estruturas sociais e institucionais. Dentre esses eixos constituídos pela literatura, memória e verdade e reparação foram previstos legalmente e desenvolvidos pelo Estado brasileiro.

É importante ressaltar que a reparação pelo Estado brasileiro precede a previsão constitucional, uma vez que em 1979 foi promulgada a Lei n. 6.683, conhecida como a Lei de Anistia. Esse marco temporal deve ser considerado como o ponto fundante de

---

8 Considera-se como pressuposto deste trabalho que a consolidação da abertura democrática somente ocorreu em 1988, com a promulgação da Constituição Federal, conforme destaca Daniel Aarão Reis Filho (REIS FILHO, 2014).

9 Importante destacar que a Lei n. 6.683/79, que inicia o movimento de anistia no Brasil, representa o reconhecimento de uma necessária transição para a finalização do período autoritário, conforme se observa na literalidade da lei, disponível em: http://www.planalto.gov.br/ccivil_03/LEIS/L6683.htm.

10 O artigo 4º da Emenda Constitucional n. 26 afirma a garantia de anistia aos perseguidos políticos e implementação de um sistema de reparações que demonstra o reconhecimento do Estado brasileiro do seu dever de indenizar os cidadãos afetados pela ditadura.

11 Formalizada pela Organização das Nações Unidas como mecanismos jurídicos e políticos, que servem como ferramentas para sociedades pós-conflito que lidam com o legado de violações de direitos humanos em massa (TORELLY, 2015).

demonstração da abertura democrática no Brasil (ABRÃO; TORELL, 2014), uma vez que em plena vigência do regime militar, foi editada e publicada uma lei que, em seu objetivo concreto, buscava anistiar os punidos com fundamentos nos atos constitucionais vigentes entre 1961 e 1979[12]. Esse marco legal decorreu de um processo histórico marcado pela luta de mulheres, mães e esposas de presos políticos e perseguidos pela ditadura, somada à pressão social e organização de militantes brasileiros que ganharam repercussão internacional nos pedidos de anistia política (VIANA; CIPRIANO, 2009).

Durante todo o período de apresentação de propostas para a lei de anistia e o tensionamento social, foi tomando forma o que Paulo Abrão e Marcelo Torelly (2014) chamam de primeiros sentidos da anistia no Brasil. De um lado tínhamos o sentido da liberdade, uma vez que a promulgação da lei de anistia libertaria presos políticos, devolveria a identidade aos militantes clandestinos e possibilitaria a volta de exilados, montando um cenário de redemocratização no País. Por outra via, os militares e apoiadores civis do regime incitavam a anistia como esquecimento – e, por consequência, impunidade dos que agiam em nome do Estado.

O conteúdo da Lei de 1979 concedia a anistia aos que cometeram atos considerados crimes e com motivação política, excluindo os chamados "crimes de sangue"[13]. Essa mesma lei é caracterizada pelo viés penal e laboral, uma vez que se define pela determinação

---

12 De acordo com o artigo 1º da Lei n. 6.683/79: "É concedida anistia a todos quantos, no período compreendido entre 02 de setembro de 1961 e 15 de agosto de 1979, cometeram crimes políticos ou conexo com estes, crimes eleitorais, aos que tiveram seus direitos políticos suspensos e aos servidores da Administração Direta e Indireta, de fundações vinculadas ao poder público, aos Servidores dos Poderes Legislativo e Judiciário, aos Militares e aos dirigentes e representantes sindicais, punidos com fundamento em Atos Institucionais e Complementares".

13 De acordo com a Lei n. 6.683/79, são considerados crimes de sangue aqueles listados no § 2º do art. 1º,na forma do texto legal: "§ 2º Excetuam-se dos benefícios da anistia os que foram condenados pela prática de crimes de terrorismo, assalto, sequestro e atentado pessoal".

da remissão dos crimes políticos e pela reparação dos que comprovadamente perdiam o vínculo trabalhista por razões políticas, restringindo-se ao setor público (ABRÃO; TORELLY, 2011).

Com a promulgação da Constituição, o artigo 8º[14] da ADCT

---

14 Assim dispõe o art. 8º da ADCT: "É concedida anistia aos que, no período de 18 de setembro de 1946 até a data da promulgação da Constituição, foram atingidos, em decorrência de motivação exclusivamente política, por atos de exceção, institucionais ou complementares, aos que foram abrangidos pelo Decreto Legislativo n. 18, de 15 de dezembro de 1961, e aos atingidos pelo Decreto-Lei n. 864, de 12 de setembro de 1969, asseguradas as promoções, na inatividade, ao cargo, emprego, posto ou graduação a que teriam direito se estivessem em serviço ativo, obedecidos os prazos de permanência em atividade previstos nas leis e regulamentos vigentes, respeitadas as características e peculiaridades das carreiras dos servidores públicos civis e militares e observados os respectivos regimes jurídicos. § 1º O disposto neste artigo somente gerará efeitos financeiros a partir da promulgação da Constituição, vedada a remuneração de qualquer espécie em caráter retroativo; § 2º Ficam assegurados os benefícios estabelecidos neste artigo aos trabalhadores do setor privado, dirigentes e representantes sindicais que, por motivos exclusivamente políticos, tenham sido punidos, demitidos ou compelidos ao afastamento das atividades remuneradas que exerciam, bem como aos que foram impedidos de exercer atividades profissionais em virtude de pressões ostensivas ou expedientes oficiais sigilosos; § 3º Aos cidadãos que foram impedidos de exercer, na vida civil, atividade profissional específica, em decorrência das Portarias Reservadas do Ministério da Aeronáutica n. S-50-GM5, de 19 de junho de 1964, e n. S-285-GM5, será concedida reparação de natureza econômica, na forma que dispuser lei de iniciativa do Congresso Nacional e a entrar em vigor no prazo de doze meses a contar da promulgação da Constituição; § 4º Aos que, por força de atos institucionais, tenham exercido gratuitamente mandato eletivo de Vereador serão computados, para efeito de aposentadoria no serviço público e previdência social, os respectivos períodos; § 5º A anistia concedida nos termos deste artigo aplica-se aos servidores públicos civis e aos empregados em todos os níveis de governo ou em suas fundações, empresas públicas ou empresas mistas sob controle estatal, exceto nos Ministérios militares, que tenham sido punidos ou demitidos por atividades profissionais interrompidas em virtude de decisão de seus trabalhadores, bem como em decorrência do Decreto-Lei n. 1.632, de 4 de agosto de 1978, ou por motivos exclusivamente políticos, assegurada a

amplia ao setor privado essa possibilidade de reparação e estabelece um marco temporal maior para os que pretendem ser anistiados, entre 1946 e 1988. O texto constitucional, portanto, demonstra que o Estado brasileiro iria aderir ao prosseguimento das reparações e da construção de uma transição democrática clara.

Esse artigo constitucional, no entanto, não apresentou nenhuma regulamentação para a efetividade, com o decurso do tempo surgem medidas para iniciar a política reparatória no Brasil, dentre elas a montagem de uma comissão específica, criada pela Lei n. 9.140/95 e chamada de Comissão Especial sobre Mortos e Desaparecidos Políticos. Essa comissão tinha como objetivo reconhecer mortos e desaparecidos por motivos políticos, reparar as famílias e promover ações compatíveis com suas funções. Sua atuação contribuiu de forma significativa para o avanço da política reparatória no Brasil, analisou mais de 480 pedidos de reparação e reconhecimento e consolidou pontos centrais no debate da anistia política do País[15].

Posteriormente, depois de transcorridos 14 anos de vigência da Constituição da República, é editada a Medida Provisória n. 65 no ano de 2002, para regulamentar o artigo 8º da ADCT e dar as providências cabíveis. Essa medida foi posteriormente convertida na Lei n. 10.559/2002, que compõe de forma consolidada o complexo sistema reparatório do Brasil.

Para que melhor se compreenda a completude do programa de reparações instituído pela Lei n. 10.559/2002, usaremos a classificação elaborada por Paulo Abrão e Marcelo Torelly (2011), que a partir da classificação de Pablo de Greiff (2010) sugere a divisão da reparação em quatro categorias, sendo elas compensação, reabilitação, satisfação e garantias de não repetição, divididas para cada um dos dezessete grupos de anistiados previstos pela legislação em análise em conjunto com a Lei de 1995, conforme tabelado a seguir:

---

readmissão dos que foram atingidos a partir de 1979, observado o disposto no § 1º.

15 Dados extraídos da página eletrônica do *site* da Comissão Especial sobre Mortos e Desaparecidos Políticos, disponíveis em: http://cemdp.sdh.gov.br/.

Medidas de exceção e repressão	Principais direitos humanos lesados	Modalidade de reparação	Direitos previstos	Dispositivo legal
Perseguidos políticos e atingidos por atos de exceção *lato sensu*	Direitos e liberdades fundamentais gerais	Garantia de não repetição	Declaração da condição de anistiado político*	Art. 1º, I da Lei n.10.559/2002
Desaparecidos políticos	Direito à vida ou direito ao projeto de vida	Compensação	Reparação econômica em prestação única, pelo desaparecimento	Art. 11 da Lei n. 9.140/95**
	Liberdades públicas e direitos políticos	Compensação	Reparação econômica em prestação única ou mensal, pelas perseguições políticas em vida***	Art. 1º, II c/c art. 9º, parágrafo único da Lei n. 10.559/2002****
	Direitos civis, culturais e religiosos	Satisfação pública e garantia de não repetição	Direito à localização, identificação e entrega dos restos mortais	Art. 4º, II da Lei n. 9.140/95
Mortos	Direito à vida	Compensação	Reparação econômica em prestação única, pela morte e	Art. 11 da Lei n. 9.140/95**
	Liberdades públicas e direitos políticos	Compensação	Reparação econômica em prestação única ou mensal**, pelas perseguições políticas em vida	Art. 1º, II c/c art. 9º, parágrafo único da Lei n. 10.559/2002
Torturados	Direito à integridade física e psicológica	Compensação	Reparação em prestação única	Art. 1º, II c/c art. 2º, I da Lei n. 10.559/2002

Presos arbitrariamente	Direito à liberdade, direito ao devido processo legal	Compensação e restituição	Reparação em prestação mensal ou única	Art. 1º, II c/c art. 2º, I da Lei n. 10.559/2002
			Contagem de tempo para efeitos previdenciários	Art. 1º, III da Lei n. 10.559/2002
Afastados arbitrariamente ou compelidos ao afastamento de vínculo laboral, no setor público, com ou sem motivação política, com ou sem impedimentos de também exercer, na vida civil, atividade profissional específica	Direito ao projeto de vida, direito à liberdade de trabalho	Restituição ou Compensação	Reintegração/readmissão asseguradas promoções na inatividade ou reparação econômica em prestação mensal	Art. 1º, II, V c/c art. 2º, IV, V, IX, XI
	Direito à liberdade de pensamento	Restituição	Contagem de tempo para efeitos previdenciários	Art. 1º, III da Lei n. 10.559/2002
	Direito de associação sindical	Reabilitação	Benefícios indiretos mantidos pela Administração Pública aos servidores (planos de seguro, assistência médica, odontológica e hospitalar e financiamentos habitacionais)	Art. 14 da Lei n. 10.559/2002
Afastados arbitrariamente ou compelidos ao afastamento de vínculo laboral, no setor privado	Direito ao projeto de vida, direito à liberdade de trabalho, direito à liberdade de pensamento, direito de associação sindical	Compensação	Reparação econômica em prestação mensal	Art. 1º, II c/c art. 2º, VI, XI
		Restituição	Contagem de tempo para efeitos previdenciários	Art. 1º, III da Lei n. 10.559/2002

Punidos com transferência para localidade diversa daquela onde exerciam sua atividade profissional, impondo-se mudança de local de residência	Direito à estabilidade e liberdade laboral, direito à isonomia	Compensação	Reparação econômica em prestação mensal ou única	Art. 1º, II, e art. 2º, II da Lei n. 10.559/2002
Punidos com perda de proventos ou de parte de remunerações já incorporadas ao contrato de trabalho inerentes à carreira administrativa	Direito à remuneração pelo trabalho e direito à isonomia	Compensação e Restituição	Reparação econômica em prestação mensal	Art. 1º, II, e art. 2º, III, XII
			Contagem de tempo para efeitos previdenciários	Art. 1º, III da Lei n. 10.559/2002
Impedidos de tomar posse em cargo após concurso público válido	Direitos políticos	Compensação	Reparação econômica em prestação mensal	Art. 1º, II, e art. 2º, XVII
		Restituição	Contagem de tempo para efeitos previdenciários	Art. 1º, III da Lei n. 10.559/2002
Punidos com cassação de aposentadorias ou já na condição de inativos, com a perda de remuneração	Direito a isonomia, garantias constitucionais ao trabalho	Compensação	Reparação econômica em prestação mensal	Art. 1º, II, art. 2º, X, XII da Lei n. 10.559/2002
Aposentados compulsoriamente no setor público	Direito à isonomia	Compensação	Reparação econômica em prestação mensal	Art. 1º, II e art. 2º, I, XII da Lei n. 10.559/2002

Compelidos à clandestinidade	Direito à liberdade, direito à identidade, direito ao projeto de vida	Compensação	Reparação econômica em prestação mensal ou única	Art. 1º, II e art. 2º, I, IV, VII da Lei n. 10.559/2002
		Restituição	Contagem de tempo para efeitos previdenciários	
Banidos	Direito à nacionalidade, direito à liberdade, direito ao projeto de vida, direito ao convívio familiar	Compensação	Reparação econômica em prestação mensal ou única	Art. 1º, II, e art. 2º, I, VII da Lei n. 10.559/2002
		Restituição	Contagem de tempo para efeitos previdenciários	Art. 1º, III da Lei n. 10.559/2002
			Reconhecimento de diplomas adquiridos no exterior	Art. 1º, IV da Lei n. 10.559/2002
Exilados	Direito à liberdade, direito ao projeto de vida, direito ao convívio familiar	Compensação	Reparação econômica em prestação mensal ou única e	Art. 1º, II; Art. 2º I e VII da Lei n. 10.559/2002
		Restituição	Contagem de tempo para efeitos previdenciários	Art. 1º, III da Lei n.10.559/2002
			Reconhecimento de diplomas adquiridos no exterior	Art. 1º, IV da Lei n.10.559/2002
Políticos com mandatos eleitorais cassados	Direitos políticos	Compensação	Reparação econômica em prestação única	Art. 1º, II e art. 2º, VII, XIV da Lei n. 10.559/2002
		Restituição	Contagem de tempo para efeitos previdenciários	Art. 1º, IV da Lei n. 10.559/2002

<table>
<tr><td>Políticos com cassação de remuneração pelo exercício do mandato eletivo</td><td>Direito à isonomia e direito à remuneração pelo trabalho</td><td>Restituição</td><td>Contagem de tempo para efeitos previdenciários</td><td>Art. 2º, XIII da Lei n. 10.559/2002</td></tr>
<tr><td>Processados por inquéritos judiciais e/ou administrativos persecutórios, com ou sem punição disciplinar</td><td>Direito à liberdade, direito ao devido processo legal e ao contraditório</td><td>Compensação</td><td>Reparação em prestação única</td><td>Art. 1º, II e art. 2º, I, VII da Lei n. 10.559/2002</td></tr>
<tr><td rowspan="2">Filhos e netos de exilados, clandestinos, presos, torturados ou atingidos por quaisquer atos de exceção</td><td rowspan="2">Direito ao projeto de vida, direito à liberdade, direito à convivência familiar, direito à integridade física e psicológica</td><td>Compensação</td><td>Reparação econômica em prestação única</td><td>Art. 1º, II c/c art. 2º, I da Lei n. 10.559/2002</td></tr>
<tr><td>Restituição</td><td>Contagem de tempo para efeitos previdenciários, em alguns casos</td><td>Art. 1º, IV da Lei n. 10.559/2002</td></tr>
<tr><td>Monitorados ilegalmente******</td><td>Direito à intimidade</td><td>Compensação</td><td>Reparação econômica em prestação única</td><td>Art. 1º, II c/c art. 2º, I da Lei n. 10.559/2002</td></tr>
<tr><td>Outras medidas de exceção, na plena abrangência do termo</td><td>Direitos fundamentais e políticos gerais</td><td>Compensação</td><td>Reparação econômica em prestação única</td><td>Art. 1º, I, II c/c art. 2º, I da Lei n. 10.559/2002</td></tr>
<tr><td rowspan="2">Estudantes</td><td rowspan="2">Direito à Educação, direito a um projeto de vida</td><td>Restituição</td><td rowspan="2">Direito de matrícula em escola pública para conclusão de curso</td><td rowspan="2">Art. 1º, III da Lei n. 10.559/2002</td></tr>
<tr><td>Reabilitação</td></tr>
</table>

Em uma análise dos dados acima apresentados, percebe-se que foram criadas 22 categorias passíveis de reparação de acordo com a sistemática brasileira e, para melhor compreensão, os autores estabeleceram alguns grupos de análise, que contemplam: os principais direitos humanos lesados, as modalidades de reparação, os direitos previstos e os respectivos dispositivos legais vinculados. Dentre os principais direitos humanos lesados, encontramos de forma reiterada o direito à vida, direito ao projeto de vida, liberdades públicas, direitos políticos, direito à liberdade, direito à liberdade de pensamento, à livre associação sindical, direito à isonomia, direito às garantias constitucionais do trabalho, sendo estes os principais grupos de trabalho dentro das escolhas do legislador.

No grupo das modalidades de reparação, 19 são efetivadas com a compensação; grupo ligado à reparação financeira como ação reparadora principal, 12 à restituição, que se caracteriza pelo restabelecimento de direitos perdidos pelas ações do Estado, 2 à reabilitação, demonstrada pela concessão de benefícios perdidos e 2 à não repetição, garantia do Estado brasileiro de não reincidência nas violações aos direitos humanos. Dentre os direitos previstos, é possível perceber que 19, das 22 categorias, são reparadas com a prestação econômica única ou continuada, 11 com a contagem de tempo para efeitos previdenciários, sendo as demais reparadas com compensações específicas de cada caso.

Esse demonstrativo nos permite observar de maneira sistemática a política de reparação do Brasil, as formas de compensação previstas pelo Estado e perceber como a legislação se dedicou a construir uma abrangente política reparatória no País. Tais dados também nos revelam a centralidade das questões laborais na escolha da modalidade de reparação, o que dá origem a dois grandes grupos de anistiados, os cidadãos que tinham algum vínculo laboral comprovado e foram prejudicados na relação de trabalho pela condução do Estado autoritário e, ainda, os demais cidadãos que não possuíam vínculos trabalhistas e que foram perseguidos por motivações políticas. Essa escolha se justifica na análise do contexto social brasileiro durante a ditadura, marcada pela perseguição dos trabalhadores, pela prisão de dirigentes sindicais e pela punição laboral como forma de perseguição política (FREDERICO, 1987).

Não se observa nos demais pilares da justiça de transição a atenção detida de uma legislação como acontece com a reparação, que não só se desenvolve em níveis de profundidade, como também impulsiona os demais eixos dessa transição. É possível comprovar essa afirmação pela observação da atuação das comissões que se consolidaram como encarregadas de cuidar do desenvolvimento da reparação e como responsáveis pelo alcance de avanços significativos nos demais eixos. Essa percepção é alcançada, inicialmente, nas ações da Comissão Especial sobre Mortos e Desaparecidos Políticos, autorizada por lei a examinar documentos de suma importância da história brasileira no período de repressão e que, com isso, alcançou a sistematização de informações relevantes para o embasamento de ações que buscavam a persecução dos violadores de direitos humanos e consolidou documentos que preservam o direito à memória e verdade dos cidadãos, o que demonstra que essa comissão, responsável pelo louvável início do desenvolvimento do programa de reparações, atingiu também os pilares de memória e justiça durante o desenvolvimento de suas ações.

Nesse mesmo caminho, com a promulgação da Lei n. 10.559/2002, o Estado brasileiro delegou ao Ministério da Justiça a função de analisar os pedidos de anistia[16], criando nesse mesmo momento uma comissão especial, a Comissão de Anistia[17], encar-

---

16 "Art. 10. Caberá ao Ministro de Estado da Justiça decidir a respeito dos requerimentos fundados nesta Lei. Art. 11. Todos os processos de anistia política, deferidos ou não, inclusive os que estão arquivados, bem como os respectivos atos informatizados que se encontram em outros Ministérios, ou em outros órgãos da Administração Pública direta ou indireta, serão transferidos para o Ministério da Justiça, no prazo de noventa dias contados da publicação desta Lei."

17 "Art. 12. Fica criada, no âmbito do Ministério da Justiça, a Comissão de Anistia, com a finalidade de examinar os requerimentos referidos no art. 10 desta Lei e assessorar o respectivo Ministro de Estado em suas decisões. § 1º Os membros da Comissão de Anistia serão designados mediante portaria do Ministro de Estado da Justiça e dela participarão, entre outros,

regada de desenvolver um fluxo administrativo para assessorar o chefe do Ministério nas decisões referentes aos pedidos de reparação e concessão da anistia política. Essa comissão iniciou um novo momento no percurso da justiça de transição brasileira, responsável por uma contribuição inigualável na construção democrática do País.

A política de reparação acima descrita passou a se materializar nos julgamentos dos conselheiros da Comissão nacional de Anistia nos respectivos requerimentos dos cidadãos atingidos. Esses julgamentos ganharam amplitude pela promoção de Caravanas da Anistia, que deslocando a Comissão para diversas localidades do País buscava julgar os requerimentos dos cidadãos locais e revelar àquela comunidade a história vivida no período ditatorial (ABRÃO, 2009). A Comissão de Anistia também reflete a reparação como eixo condutor, uma vez que não só desenvolveu em profundidade a política reparatória, como também movimentou diversos outros pila-

---

um representante do Ministério da Defesa, indicado pelo respectivo Ministro de Estado, e um representante dos anistiados. § 2º O representante dos anistiados será designado conforme procedimento estabelecido pelo Ministro de Estado da Justiça e segundo indicação das respectivas associações. § 3º Para os fins desta Lei, a Comissão de Anistia poderá realizar diligências, requerer informações e documentos, ouvir testemunhas e emitir pareceres técnicos com o objetivo de instruir os processos e requerimentos, bem como arbitrar, com base nas provas obtidas, o valor das indenizações previstas nos arts. 4º e 5º nos casos que não for possível identificar o tempo exato de punição do interessado. § 4º As requisições e decisões proferidas pelo Ministro de Estado da Justiça nos processos de anistia política serão obrigatoriamente cumpridas no prazo de sessenta dias, por todos os órgãos da Administração Pública e quaisquer outras entidades a que estejam dirigidas, ressalvada a disponibilidade orçamentária. § 5º Para a finalidade de bem desempenhar suas atribuições legais, a Comissão de Anistia poderá requisitar das empresas públicas, privadas ou de economia mista, no período abrangido pela anistia, os documentos e registros funcionais do postulante à anistia que tenha pertencido aos seus quadros funcionais, não podendo essas empresas recusar-se à devida exibição dos referidos documentos, desde que oficialmente solicitado por expediente administrativo da Comissão e requisitar, quando julgar necessário, informações e assessoria das associações dos anistiados."

res da transição brasileira, como a memória/verdade e a persecução dos violadores de direitos humanos.

No âmbito da memória, a responsabilidade foi passada à Comissão de Anistia com sua regulamentação pelo Decreto n. 8.031/2013[18]. De acordo com informações obtidas no *site* do Ministério da Justiça[19], é possível observar apontamentos de estruturação da política de memória e verdade pela Comissão de Anistia, que promoveu a publicação de 9 edições da Revista da Anistia, 28 projetos de circulação cultural sobre o tema no projeto Marcas da Memória[20], 22 publicações de livros e coletâneas sobre justiça de transição no Brasil, a circulação do projeto História Oral[21]em três Universidades Federais (UFPE, UFRJ e UFF) e a elaboração de projeto para criação do Memorial da Anistia em parceria com a Universidade Federal de Minas Gerais[22].

---

18 A previsão do desenvolvimento do eixo memória e verdade aparece posteriormente no regramento de funcionamento da Comissão de Anistia, o que se observa tanto da edição do Decreto n. 8.031/2013 quanto na estruturação do Regimento interno previsto na Portaria n. 29, de janeiro de 2018.

19 Informações obtidas em: http://justica.gov.br/seus-direitos/anistia/sobre-a-comissao.

20 O projeto Marcas da Memória foi instituído em 2008 para incentivar a produção de memória audiovisual sobre o período da ditadura no Brasil, com a abertura de editais específicos para a circulação de material e sua disponibilização no Centro de Documentação e Pesquisa do Memorial da Anistia Política do Brasil no Arquivo Nacional. Informações disponíveis em: http://www.justica.gov.br/seus-direitos/anistia/projetos/marcas-da-memoria-i-2010.

21 O projeto História Oral é definido por seus idealizadores da seguinte forma:"Por meio da história oral, encontramos um mecanismo de efetivação do direito à memória e à verdade. Embora não possa, por evidente, contemplar a todos os sujeitos, o presente estudo (e, mais importante, o acervo de entrevistas que lhe empresta suporte) permite jogar luz sobre um conjunto de experiências individuais sob o autoritarismo e, partindo desta dimensão subjetiva, reconstruir parcialmente o passado comum que nos une" (ABRÃO; CRUZ; TORELLY, 2012, p. 10).

22 Informações disponíveis em: http://www.justica.gov.br/seus-direitos/anistia/projetos/projetos-de-memoria-e- reparacao#memorial.

É possível extrair algumas conclusões do texto já apresentado, a primeira delas é que a política de reparação foi eleita pela Constituição e por legislações competentes como o eixo condutor da justiça de transição no Brasil, uma vez que desenvolvido em profundidade e responsável pelo crescimento dos demais pilares da consolidação da democracia no País[23]. É possível também observar que a reparação é um sistema complexo que pode ser dividido em categorias já demonstradas e que não compreende apenas a reparação financeira, e, ainda, que dentre as Comissões responsáveis pela condução dessa política, a Comissão de Anistia é a que se consolidou como principal desenvolvedora dos pilares transitórios e Comissão de Estado responsável pela condução das ações do Estado no caminho da transição democrática.

Dessa forma, centraremos nossas análises na atuação dessa Comissão como forma de cumprir os objetivos desta dissertação. No entanto, para que possamos avançar na análise ainda é preciso perceber os primeiros sinais do aspecto principal que se busca encontrar neste trabalho, qual seja a análise da política de reparação sob as perspectivas de política de Estado ou de Governo.

Para que possamos prosseguir, faz-se necessário buscar dois conceitos centrais para compreender essas políticas, quais sejam, o conceito de Estado e o de Governo. Recorrendo à literatura específica, é possível perceber que o conceito de Estado foi construído de acordo com o processo histórico da humanidade. Na concepção de Hobbes e Locke, o Estado se consolidou como a forma pactuada para evitar a autodestruição promovida pelos homens, firmando-se como um ponto de partida para garantias mínimas.

No mesmo sentido, buscando a concepção filosófica do que representa o Estado, diversos autores chegam ao conceito de unidade, força e, mesmo, busca de um bem comum, conforme se observa nas palavras de Dalmo de Abreu Dallari:

---

23 Esta constatação é repetida também por Eneá de Stutz e Almeida (ALMEIDA, 2017), Paulo Abrão e Marcelo Torelly (ABRÃO; TORELLY; 2011).

Essa é, por exemplo, a orientação de Duguit, que conceitua o Estado como uma força material irresistível, acrescentando que essa força, atualmente, é limitada e regulada pelo direito. Heller não fica distante, dando ao Estado o conceito de unidade de dominação, completando sua conceituação dizendo que ela é independente no exterior e no interior, atua de modo contínuo com meios de poder próprio e é claramente delimitada no pessoal e no territorial. Na mesma linha podem ser colocadas as conceituações de Burdeau, para quem o Estado é uma institucionalização do poder, assim como a de Gurvitch, que acha necessário e suficiente para completa identificação do Estado dizer-se que ele é o monopólio do poder. Todos esses conceitos, na verdade, mantêm a tônica da ideia de força, ainda que associada a outros elementos e disciplinada parcialmente pelo direito (DALLARI, 2011).

Resta evidente que os elementos que compõem a caracterização do Estado centram-se no poder formado pela soma dos grupos e pela institucionalização do que se entende comum naquela territorialidade. É preciso, no entanto, recorrer ao conceito jurídico do Estado, sem ignorar os elementos não jurídicos que o formam, conforme leciona o mesmo autor:

> Parece-nos que se poderá conceituar o Estado como a ordem jurídica soberana que tem por fim o bem comum de um povo situado em determinado território. Nesse conceito se acham presentes todos os elementos que compõem o Estado, e só esses elementos. A noção de poder está implícita na de soberania, que, no entanto, é referida como característica da própria ordem jurídica. A politicidade do Estado é afirmada na referência expressa ao bem comum, com a vinculação deste a um certo povo, e, finalmente, a territorialidade, limitadora da ação jurídica e política do Estado, está presente na menção a determinado território (DALLARI, 2011).

Esse conceito nos aproxima da concepção de Estado necessária para avançar nas análises deste estudo, uma vez que apresenta uma conjunção de seu caráter jurídico e filosófico, concluindo-se, assim, que o Estado representa o pacto de forças do qual parte uma sociedade para encontrar seu ponto de convergências e organizar a administração de suas ações.

Quando passamos à análise da caracterização do Governo, restam evidentes características inconfundíveis de seu papel em um Estado. Usando as palavras literais de Norberto Bobbio para conceituar o Governo:

> Pode-se definir Governo como o conjunto de pessoas que exercem o poder político e que determinam a orientação política de uma determinada sociedade. É preciso, porém, acrescentar que o poder de Governo, sendo habitualmente institucionalizado, sobretudo na sociedade moderna, está normalmente associado à noção de Estado. Por consequência, pela expressão "governantes" se entende o conjunto de pessoas que governam o Estado e pela de "governados", o grupo de pessoas que estão sujeitas ao poder de Governo na esfera estatal (BOBBIO, 1998).

Nesse extrato é possível perceber que a definição de Governo está estritamente relacionada à compreensão de Estado, no entanto sua distinção se demarca pela transitoriedade e pela personificação de um grupo que, pela via eleita, se torna o responsável por conduzir as ações de um Estado, para o qual é concedido o poder de gerenciamento (governo) de determinada esfera estatal. Esse conceito também encontra uma característica relevante de unificação e integração, assim, conforme leciona o mesmo autor, o governo deve ser "entendido [...] como uma forma de poder relativamente autônomo em relação aos vários grupos sociais, com a função específica de realizar a integração política da sociedade e a sua defesa no confronto com os grupos externos (BOBBIO, 1988)", o que nos coloca diante da concepção de Governo que usaremos como base para o desenvolvimento de nossas reflexões.

Observa-se que, enquanto o Estado se consolida pela forma estática de organização diluído entre os diversos grupos que formam determinada sociedade, o Governo, por sua vez, é personificado por um grupo de dirigentes de determinada esfera estatal, englobando diversos órgãos responsáveis pela condução de políticas de ação para os governados. Para que possamos prosseguir nosso raciocínio, faz-se necessário apresentar ainda o conceito de política, para que se torne perceptível como a política pode se tornar de Estado ou se materializar como de Governo.

Essa expressão se manifesta com semânticas diversas, o que é perceptível nos dicionários de Ciência política e Filosofia, sendo que a política em que nos centramos está estritamente ligada à ação materializada ou ao conjunto delas, que refletem os coordenados atos do poder público para consolidar objetivos de determinada agenda política.

Desdobra-se desse conceito o das políticas públicas, ponto central de ações dos entes públicos no Brasil, isto é, como o País materializa suas ações para a sociedade, que aqui vamos conceituar como "conjunto de decisões inter-relacionadas, tomadas por um ator ou grupo de atores políticos, e que dizem respeito à seleção de objetivos e dos meios necessários para alcançá-los" (HOWLETT; RAMESH; PERL, 2013). Dessa forma, as políticas públicas são caracterizadas por ações, derivadas de ciclos decisórios dos atores políticos para cumprimento de determinados objetivos, podendo ser estes estatais, que no caso do Brasil estão previstos na Constituição Federal e constituem as obrigações do Estado para cumprir os princípios fundamentais da República insculpidos no Título I da CF/88, ou governamentais, que vão se manifestar de acordo com o grupo autorizado democraticamente a comandar o projeto social do País.

Tais ações, no entanto, podem se classificar como política de Governo ou de Estado, de acordo com os processos de formação de agenda e da complexidade da cadeia decisória que define os rumos de determinada política. Ainda que um Governo que ocupa determinado Estado assim o faz por eleição democrática e o representa de maneira autorizada, não é possível determinar que as políticas, ações de administração do poder público, desenvolvidas por um Governo sejam consideradas políticas de condução daquele Estado.

Neste raciocínio, considerando que o Governo se materializa no grupo com autorização legal para administrar o Estado em determinados termos, tomaremos como conceito de política de Governo aquela que está ligada às decisões do poder executivo e mesmo de órgãos da administração pública direta, com processos ratificadores de menor complexidade e para atender agendas próprias de adesão daquele Governo específico, de acordo com suas escolhas para a governança da nação. Não se trata, portanto, de uma análise material para identificação daquela política, isto é, não é pelo assunto que as ações governamentais envolvem que saberemos que uma política é analisada, processada e desenvolvida como política de Governo, mas sim pelos procedimentos aos quais é submetida na tomada de decisão. De acordo com a literatura, essas políticas estão mais adstritas ao âmbito dos ministérios, as decisões envolvem poucos setores da administração pública, e os reflexos podem ser setoriais ou de grande abrangência (DE ALMEIDA, 2009).

As ações quando no âmbito do Estado, no entanto, são aquelas em que encontramos uma análise mais complexa, a busca de uma cadeia decisória envolvendo Parlamento, com repercussão ampla e agenda definida no documento que orienta os propósitos de Estado, no caso do Brasil, a Constituição Federal de 1988. Isso se observa no momento de análise do próprio conceito de Estado, do qual não se distanciam os grupos eleitores do Governo, um conceito pacificador, que busca estabelecer o que aquela comunidade pretende, de maneira consensual, ter como objetivo de desenvolvimento do projeto de nação. Assim, faz-se necessário observar a seguinte definição:

> Políticas de Estado, por sua vez, são aquelas que envolvem as burocracias de mais de uma agência do Estado, justamente, e acabam passando pelo Parlamento ou por instâncias diversas de discussão, depois que sua tramitação dentro de uma esfera (ou mais de uma) da máquina do Estado envolveu estudos técnicos, simulações, análises de impacto horizontal e vertical, efeitos econômicos ou orçamentários, quando não um cálculo de custo-benefício levando em conta a trajetória completa da política que se pretende implementar (DE ALMEIDA, 2009).

É possível depreender que as políticas de Estado são aquelas de caráter permanente que caracterizam o projeto de nação, são as ações que, em nossa Constituição, são previstas como princípios fundamentais do Estado, englobando os fundamentos e objetivos fundamentais da República[24], além dos direitos garantidos nessa

24 "Art. 1º A República Federativa do Brasil, formada pela união indissolúvel dos Estados e Municípios e do Distrito Federal, constitui-se em Estado

carta aos cidadãos brasileiros e que devem ser concretizados por ações (políticas) do Estado, desenvolvidas por qualquer Governo legítimo que administrar temporariamente aquele Estado.

Considerando o acúmulo até aqui apresentado, é possível perceber que, quando a Constituinte estabeleceu no artigo 8º da ADCT a política reparatória em termos expressos, restou evidente que a legislação constitucional buscava que a reparação fizesse parte das ações do Estado capazes de transcender os Governos, com a permanência necessária à manutenção dos pactos democráticos. Isso porque, em primeiro lugar, a política de reparação foi fixada na Constituição, carta maior que guia os fundamentos do País, e ainda porque esteve dentro das regras de disposições transitórias desse documento, o que significa que, para o novo formato político, era necessário observar essa regra, sem se afastar das demandas que surgiriam a partir dela, como, por exemplo, a regulamentação e prática dessa ação reparatória.

Este estudo, no entanto, pretende analisar se, de fato, a reparação foi uma política de Estado ou se caminhou como política de Governo, se ocupou as duas classificações em momentos distintos ou mesmo concomitantes. Diversas conclusões podem ser alcançadas. Para isso, usaremos metodologia qualitativa e comparativa nos próximos capítulos, analisando de acordo com a divisão dos períodos políticos mais evidentes no desenvolver da política de reparação, com o objetivo de categorizar alguns elementos centrais e observar como se desenvolveu a trajetória desse aspecto da transição no Brasil.

Democrático de Direito e tem como fundamentos: I – a soberania; II – a cidadania; III – a dignidade da pessoa humana; IV – os valores sociais do trabalho e da livre iniciativa; V – o pluralismo político. Parágrafo único. Todo o poder emana do povo, que o exerce por meio de representantes eleitos ou diretamente, nos termos desta Constituição. [...] Art. 3º Constituem objetivos fundamentais da República Federativa do Brasil: I – construir uma sociedade livre, justa e solidária; II – garantir o desenvolvimento nacional; III – erradicar a pobreza e a marginalização e reduzir as desigualdades sociais e regionais; IV – promover o bem de todos, sem preconceitos de origem, raça, sexo, cor, idade e quaisquer outras formas de discriminação."

2

A política de reparação durante o governo de Fernando Henrique Cardoso e Luiz Inácio Lula da Silva (2002-2011)

Esta seção do trabalho se propõe a analisar os dados basilares da pesquisa. Faz-se necessário apresentar o sistema que elegemos como forma de melhor caminhar para conclusões sobre a classificação da política de reparação como de Estado ou de Governo, o que será feito com base em dois grupos de dados: o primeiro deles é o que concentra a composição da Comissão de Anistia no decorrer dos anos. Dessa forma, observaremos em cada recorte como se concretizou o arranjo do corpo de conselheiros. O segundo grupo de dados reúne uma análise contextual de cada período, com percepção mais global das ocorrências políticas, estruturais e normativas da Comissão.

Com a análise do primeiro grupo de dados, o que se objetiva é observar a condução dessa política no aspecto da governança[1],

---

1 "Considera-se como governança as relações em diversos níveis das quais dependem a concretização de uma política pública, filiando-se ao seguinte conceito: Um conjunto de relações relativamente estáveis de natureza não hierárquica e interdependente ligando uma variedade de atores que compartilham interesses comuns em relação a uma política e trocam recursos com o objetivo de perseguir estes interesses comuns conscientes de que a cooperação é o melhor modo de se alcançar as metas comuns" (SECCHI, 2010).

isto é, se a interação dos atores envolvidos ocorreu de forma coesa e quais as consequências dessa cooperação, para assim avaliar os avanços e desenvolvimentos da ação estatal (SECCHI, 2010).

Esta análise será feita em multiníveis (PROCOPIUK, 2013), considerando os principais atores envolvidos na agenda política. Dessa forma, o agrupamento de dados levará em consideração os condutores primários da política constitucional – o ocupante da Presidência da República, o Ministério designado por lei como responsável pelo desenvolvimento da reparação no Brasil e a Comissão de Estado com competência para assessorá-lo.

Identifica-se como condutor primário da política de reparação o(a) Presidente(a) da República, que se compromete a governar de acordo com as normas da Federação, cumprindo os objetivos do Estado e garantindo, em última instância, os direitos já assegurados pela Constituição aos cidadãos. Importante desde já ressaltar que a alteração do responsável pela condução primária será utilizada para definição dos recortes temporais de análise. Assim, abordaremos os momentos dessa política de acordo com quem ocupa o cargo de Presidente(a) da República, o que nos apresentará a primeira percepção de direção da agenda política de concretização do previsto no artigo 8º da Constituição Federal.

De acordo com o disposto na Lei n. 10.559/2002, o Ministério da Justiça[2] é o responsável direto pelo cumprimento das atribuições relacionadas à política de reparação no País, assim como a Comissão de Anistia é a Comissão de Estado responsável por assessorar o Ministério nesse âmbito e desenvolver a política em sua extensão. Os agentes envolvidos nos diversos níveis de condução da reparação no Brasil, presidente da República, ministro da Justiça e conselheiros da Comissão de Anistia, serão analisados por este trabalho como

---

2 O art. 70 da Medida Provisória n. 870, de janeiro de 2019, alterou essa competência para o Ministério da Mulher, Família e Direitos Humanos, retirando do âmbito do Ministério da Justiça a condução da política de reparação no Brasil.

forma de observar o arranjo da governança a cada mandato presidencial no tocante à reparação.

Como forma de criar categorias passíveis de uma análise mais homogênea no trabalho, elegemos um elemento de observação, isto é, um meio que nos permitirá perceber de forma mais clara as evidências nas composições em multiníveis. Assim, dentre os diversos critérios que poderiam ser analisados, foi escolhido aquele que mais influencia o melhor desenvolvimento da reparação, qual seja, a inserção social. Isso porque, como já demonstrado no capítulo anterior, a Comissão de Anistia não é uma Comissão administrativa, e sim uma Comissão de Estado com responsabilidade de analisar requerimentos complexos, decorrentes de violações de Direitos Humanos promovidas pelo Estado Brasileiro. Nesse sentido, escolhemos como chave de análise a inserção social por intermédio da profissão. Assim serão categorizadas as composições de acordo com a inserção social e qualificação profissional dos condutores da política reparatória.

No decorrer do trabalho, nos debruçaremos de forma mais detalhada sob o arranjo da Comissão de Anistia, para isso, serão apontados os integrantes da Comissão em sua totalidade, analisando o marco eleito como capaz de delinear o perfil das composições. A demarcação temporal abarca o início do exercício da Comissão (mês de janeiro) e o de finalização do mesmo (mês de dezembro), como forma de identificar melhor os membros. Destaca-se que os dados apresentados quanto à formação da Comissão foram colhidos em consulta de informações formulada ao Ministério da Justiça e registrada sob o código SIC 08850005543201851[3]. Nessa oportunidade foi solicitado àquele Ministério o fornecimento de dados de composição da referida Comissão, constando os 105 conselheiros que desempenharam suas funções desde a promulgação da Lei n. 10.559/2002[4]. Da mesma forma, a qualificação profissional dos

---

3 Esta consulta corresponde ao Anexo I deste trabalho.

4 A consulta pública ao Ministério da Justiça forneceu a lista de conselheiros de acordo com o exercício completo, isto é, contanto todo o período entre janeiro e dezembro.

conselheiros da Comissão em cada exercício foi delineada de acordo com os dados encontrados nas publicações oficiais da Comissão de Anistia em seus relatórios, revistas, atividades e atualizações no *site* do Ministério da Justiça na página da Comissão de Anistia.

Desde já, faz-se necessário destacar que, para uma análise mais ampla, este trabalho usará a construção de gráficos em cada período estudado. Para isso, consideraremos apenas os dados oficiais apresentados pelo Ministério da Justiça em consulta pública sob as penalidades da Lei de Acesso à Informação. É certo que existem outras fontes possível, no entanto a sistematização da própria Comissão é suficiente. Nesse sentido, também é preciso esclarecer que os dados de ingresso e saída da Comissão foram fornecidos de acordo com o exercício anual, sem uma demonstração mensal de saídas, o que se mostra mais adequado à análise dos dados. Dessa forma, ainda que o conselheiro tenha saído em um dos meses de determinado ano, contabilizaremos sua ausência na Comissão a partir do próximo, considerando todo o exercício anual, conforme repassado pelo próprio Ministério da Justiça.

Assim, a cada ano serão registradas as entradas e saídas informadas pela Comissão a partir do primeiro mês do ano. Da mesma forma, para fins de contagem dos integrantes do Conselho a cada ano, utilizaremos a mesma regra; então, a análise será anual, contabilizando-se o total de conselheiros que passaram pela Comissão durante todo o período do ano, o que possibilita o registro de número maior que o estabelecido por lei. Quanto às qualificações profissionais dos conselheiros, é importante ressaltar que as informações aqui apresentadas são retiradas dos relatórios oficiais da Comissão ou das páginas oficiais do Governo Federal.

Em suma, a análise do primeiro grupo de dados será feita de acordo com a composição dos níveis de condução da Comissão de Anistia, quais sejam: o ocupante da Presidência da República, do Ministério da Justiça e os conselheiros designados para composição da Comissão de Anistia. O(A) Presidente(a) será também o responsável pela divisão temporal do trabalho, sendo que os períodos de análise se localizam dentro do mandato presidencial de cada um deles. Dentre esses recortes, observaremos ainda o responsável pelo

Ministério da Justiça para, então, observar os conselheiros designados por ele e sua inserção social, conforme anteriormente narrado.

No tocante ao segundo grupo de dados, o que concentra a análise contextual da Comissão de Anistia nos recortes temporais, é preciso considerar que, para traçar percepções sobre a condução de determinada política, não se pode distanciar da conjuntura sociopolítica, com aproximação ao contexto técnico de evolução das ações estatais. Nesse sentido, a cada recorte, serão apresentados os instrumentos regulatórios, bem como suas modificações; os projetos iniciados, desenvolvidos e encerrados pela Comissão; a estrutura de suporte administrativo; as ações da Comissão de forma global e a análise de contexto político que irradia em sua condução.

Dessa forma, demonstraremos as conjunturas de iniciação (2002-2010) e desenvolvimento da reparação (2011-2018) aos anistiados políticos, apresentando como dado relevante as condições técnicas e contextuais que se aproximavam do contexto da reparação. Para isso, relataremos os projetos de movimentação da Comissão de Anistia, as diversas ações de reparações capazes de extrapolar a individualidade dos requerimentos, bem como as regulações que perpassam o período em análise e o plano de fundo social do País em cada um dos recortes. Com isso, será possível perceber em quais níveis se desenvolveu a política de reparação ao longo desses anos, confluindo com os dados de agrupamento dos conselheiros e concluir sobre aquilo a que se propõe este trabalho.

Exposta a metodologia eleita e o caminho aqui traçado, é possível avançar aos capítulos analíticos deste trabalho, que tem como objetivos principais a percepção da condução da política de reparação pela Comissão de Anistia e, principalmente, como ela é guiada pelo Estado brasileiro. Dessa forma, poderemos perceber a cada período se a política em análise se consolida como política de Estado e se perpetua conforme assegurado na Constituição Federal ou se, ao contrário, é percebida como política de Governo com conduções diferentes a cada mandato.

2.1 A TRIANGULAÇÃO DA COMPOSIÇÃO DA COMISSÃO DE ANISTIA

A conversão da Medida Provisória n. 65 na Lei n. 10.559/2002 inaugura os trabalhos da Comissão de Anistia nos termos da política constitucional de reparação. No entanto, faz-se necessário ressaltar que, no ano anterior, essa Comissão já iniciava seu oficio sob a presidência de Petrônio Calmon Filho[5]. Todavia, o recorte temporal deste trabalho tem como marco inicial o ano de vigência da Lei n. 10.559, isto é, 2002, ano a partir do qual iremos iniciar nossa análise sobre o aspecto da governança da política de reparação. Convém destacar de forma introdutória, que as composições serão destacadas de acordo com os multiníveis de representantes dos órgãos responsáveis pelo desenvolvimento da reparação no Brasil.

Durante todo o ano de 2002 o ocupante do cargo da Presidência da República foi Fernando Henrique Cardoso, que encerraria seu mandato no dia 1º de janeiro de 2003. Nesse período, esse presidente designou como ocupantes do Ministério da Justiça, entre 3 de abril e 10 de julho de 2002, Miguel Reale Júnior[6] e, em seguida, Paulo Tarso Ramos Ribeiro[7], que esteve no cargo até o final do mandato do então presidente da República.

---

5 No ano de 2001 foram nomeados como membros da Comissão os seguintes conselheiros: Petrônio Calmon Filho, Geraldo Camilo Alves, José Luiz de Vasconcelos, Luiz Felipe Ribeiro Coelho, Guilherme Henrique Magaldi Netto, Hélio Lobo Júnior, Márcio Gontijo, Maria do Céu Marques Rosado, Paulo Henrique dos Santos Lucon, Sérgio Salgado Ivahy Badaró e Tarcisio Vieira de Carvalho Neto.

6 Miguel Reale Júnior é um jurista brasileiro, professor titular aposentado da Universidade de São Paulo, conhecido pela publicação de diversos livros e artigos nas ciências jurídicas e integrante da Comissão que redigiu a parte geral do Código Penal.

7 Paulo Tarso Ramos Ribeiro ocupou desde 1999 o cargo de secretário do Direito econômico no Ministério da Justiça, quando se consolidou como defensor da livre concorrência no mercado e, posteriormente, recebeu o convite para assumir a agenda do Ministério da Justiça.

Nesse ano tivemos a composição da Comissão de Anistia presidida por Petrônio Calmon Filho e José Alves Paulino, ambos Procuradores da Justiça do Ministério Público do Distrito Federal. Como conselheiros, a Comissão tinha em seu corpo Aldo de Campos Costa, à época professor substituto da Faculdade de Direito da Universidade de Brasília, Sérgio Salgado Ivahy Badaró, ex-Promotor de Justiça e então advogado e professor da Universidade da Faculdade de Direito da Universidade de Taubaté, Tarcisio Vieira de Carvalho Neto, que naquele ano ocupava o cargo de assessor jurídico da Vice-presidência da República. Nesse mesmo grupo, figurava Paulo Henrique dos Santos Lucon, Maria do Céu Marques Rosado, Márcio Gontijo[8], Luiz Filipe Ribeiro Coelho, Guilherme Malgadi Netto, Hélio Lobo Júnior, Almir Antonio Pereira de Oliveira, Francisco Xavier da Silva Guimarães e Aldo de Campos Costa, todos eles bacharéis em Direito e advogados em exercício à época. Além desses, a Comissão contava também com Geraldo Camilo Alves[9], advogado e representante do Ministério da Defesa, indicado nos termos legais e José Luiz de Vasconcelos, professor titular da Pontifícia Universidade Católica de Minas Gerais.

Considerando a abordagem desta pesquisa, passaremos a uma análise da conjunção dos números apresentados em cada mandato presidencial, o que busca demonstrar de forma grupal como os perfis individuais influíram no direcionamento da Comissão e, portanto, da política reparatória no Brasil. Para isso, em cada período foi construído um gráfico que contabiliza as qualificações profissionais de todos os integrantes da Comissão de Anistia no período em análise. Portanto, observaremos neste momento os dados do governo Fernando Henrique Cardoso:

---

8 É importante ressaltar que o advogado Márcio Gontijo permaneceu na Comissão de Anistia durante 12 anos, sem ocupar por nenhuma das vezes o cargo de presidente dessa Comissão e com saída em 2013.

9 A Lei n. 10.559/2002 estabelece no parágrafo primeiro de seu artigo 12 que deve compor a Comissão de Anistia um representante do Ministério da Defesa, indicado por seu Ministro de Estado.

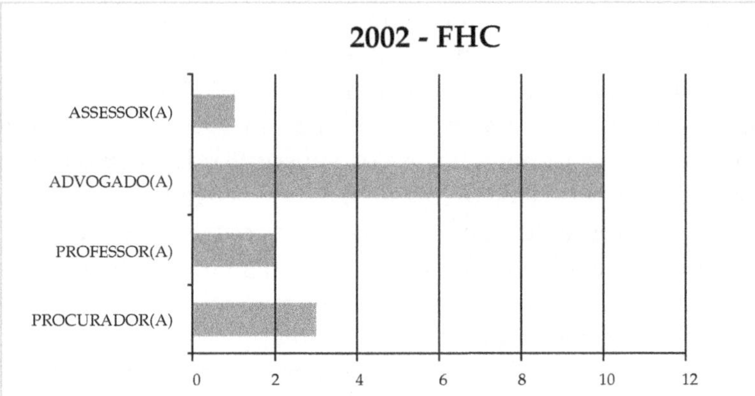

Gráfico I – Dados da Comissão de Anistia no Governo de Fernando Henrique Cardoso.

Considerando uma análise de agrupamento das funções, é possível perceber que nesse primeiro momento da Comissão, ainda no governo de Fernando Henrique Cardoso, sua composição contava com um perfil jurídico, com formação em Direito e atuação na advocacia privada, sendo os demais membros divididos entre professores e funcionários públicos. Esse formato demonstra uma homogeneidade da Comissão (DAGNINO, 2002), o que apresenta aspectos positivos quanto à pretensão de equidade de conhecimentos formais; no entanto, é preciso considerar que essa Comissão busca desenvolver a política reparatória, que envolve outros conhecimentos que não só os jurídicos, capazes de analisar da forma mais especializada as questões de Direito levadas à análise dos conselheiros. É preciso, portanto, reconhecer os fundamentos da justiça de transição, bem como os contextos múltiplos no subtexto – ou mesmo no texto – de cada requerimento dos cidadãos e articular os reflexos sociais de cada um deles.

Com a posse do presidente eleito Luiz Inácio Lula da Silva em janeiro de 2003, assume a pasta do Ministério da Justiça o bacharel em Direito e advogado criminalista Márcio Thomaz Bastos, responsável por esse Ministério até março de 2007. Com as mudanças internas e os arranjos políticos, permanecem na Comissão de Anistia Maria do Céu Marques Rosado, Guilherme Henrique Magaldi Netto, Francisco Xavier da Silva Guimarães, Almir Antônio Pereira de Oliveira, Márcio Gontijo e José Alves Paulino, este último ainda como presidente da Comissão.

Nesse ano, a Comissão conta com a entrada de Marcello Lavenère Machado, Armando de Oliveira Pimentel, Galba Magalhães Velloso, Ulisses Riedel de Rezende, Ronilda Maria Lima Noblat, bacharéis em Direito e advogados, Deocleciano Elias de Queiroga, então desembargador aposentado do Tribunal de Justiça do Distrito Federal, Juliana Neuenschwander Magalhães, desde então professora vinculada ao departamento de Direito da Universidade Federal do Rio de Janeiro, Roberto Ramos Aguiar, professor da Faculdade de Direito da Universidade de Brasília, Joel de Oliveira, servidor do Ministério dos Transportes, Sueli Aparecida Bellato, bacharel em Direito, José Messias de Souza, sobre cuja ocupação funcional a Comissão não registrou informações e Vanderlei Teixeira de Oliveira, integrante das Forças Armadas brasileiras e representante do Ministério da Defesa nesse ano.

No decorrer do ano de 2004, com a manutenção do ministro da Justiça, a Comissão passa a ter na presidência Marcello Lavenère Machado e a manutenção de Armando de Oliveira Pimentel, Deocleciano Elias de Queiroga, Joel de Oliveira, José Messias de Souza, Márcio Gontijo, Roberto Ramos Aguiar, Sueli Aparecida Bellato, Ulisses Riedel de Rezende, Vanderlei Teixeira de Oliveira, como conselheiros.

Como novos integrantes, a Comissão de Anistia recebeu nesse ano Alexandre Bernardino Costa, professor adjunto da Faculdade de Direito da UnB, Ana Maria Lima de Oliveira, procuradora federal dos quadros da AGU, Beatriz do Valle Bargieri, anistiada política e vinculada ao Movimento Tortura Nunca Mais, Egmar José de Oliveira, advogado militante em causas de Direitos Humanos, João Pedro Ferraz dos Passos, procurador do Ministério Público do Trabalho aposentado e advogado, Luiz Carlos Duarte Mendes, à época procurador do Estado de Goiás e Vera Lúcia Santana Araújo e Sergio Ribeiro Muylaert, este sem registros oficiais sobre a ocupação funcional.

Ainda sob a regência de Márcio Thomaz Bastos como ministro da Justiça, em 2005 a Comissão se mantém quase por completo, registrando apenas a saída de Joel de Oliveira e a entrada de Hegler José Horta Barbosa, advogado no Distrito Federal e ainda sob a presidência de Marcello Lavenère Machado. O mesmo acontece em 2006, ainda com o mesmo ministro da Justiça, a Comissão registra somente a saída de Ulisses Riedel de Rezende.

Passaremos à análise da composição da Comissão no decorrer do primeiro mandato presidencial de Luiz Inácio Lula da Silva[10]:

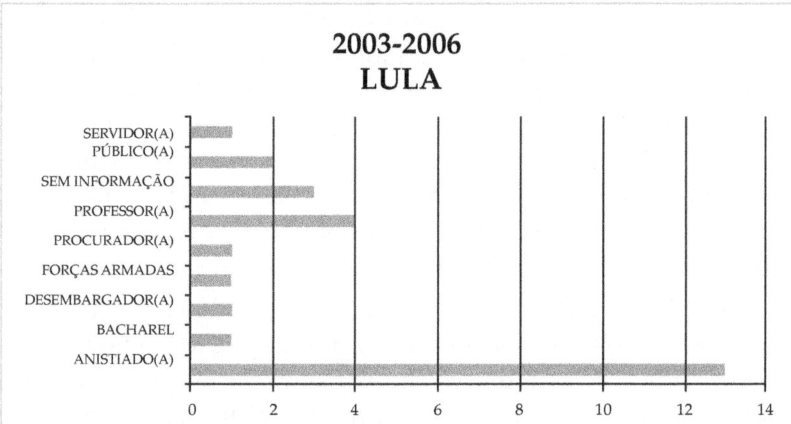

Gráfico II – Dados da Comissão de Anistia no Governo de Luiz Inácio Lula da Silva.

Diante da análise do primeiro mandato do ex-presidente Lula, é possível observar ainda a forte presença do perfil jurídico da advocacia privada e de servidores públicos, no entanto, com um crescente ingresso de professores, a inclusão de anistiados políticos e ainda uma maior estabilidade dos membros da Comissão, considerando as poucas mudanças narradas acima. Seguindo a análise dos perfis de composição (DAGNINO, 2002), é possível observar que há uma diminuição da homogeneidade no perfil da Comissão, o que nos coloca diante de uma pluralidade relevante diante das atribuições dos conselheiros.

10 Para melhor compreensão do gráfico, observar a explicação que precede o gráfico I.

Com a reeleição do presidente Luiz Inácio Lula da Silva, Tarso Genro é nomeado para assumir o Ministério da Justiça no lugar de Márcio Thomaz Bastos. O novo ministro, advogado, jornalista e com carreira política iniciada em 1968, figurou como ministro da Justiça entre 16 de março de 2007 e 10 de fevereiro de 2010. Assim, seguindo o escopo desta pesquisa, analisaremos as composições da Comissão nesse período.

No ano de 2007, a Comissão de Anistia manteve todo o quadro anterior, contando com a nomeação de onze novos conselheiros e a manutenção da presidência de Marcello Lavenère Machado até março de 2007[11], quando este pediu dispensa da Comissão e foi substituído por Paulo Abrão Pires Júnior, professor de Direito. A Comissão contava ainda com José Carlos Moreira da Silva Filho, professor de Direito da Faculdade UNISINOS e da PUC-RS, Roberta Camineiro Baggio, professora da Faculdade de Direito da Universidade Federal do Rio Grande do Sul, Rodrigo Gonçalves dos Santos, professor do Curso de Direito do Centro Universitário Metodista Izabela Hendrix. Registra-se, ainda, a nomeação de Verônica Daniel Silveira, integrante da Advocacia-Geral da União.

Além desses, somam-se ao grupo Juvelino José Strozake, à época pesquisador vinculado à Fundação Getúlio Vargas, Luciana Silva Garcia, advogada da organização não governamental Justiça Global, Narciso Fernandes Barbosa, advogado na área de direitos humanos, Marina da Silva Steinbruch, defensora pública aposentada, Prudente José da Silva Mello, advogado, e Henrique de Almeida Cardoso, integrante das Forças Armadas brasileiras, passa a figurar como novo representante do Ministério da Defesa.

O ano seguinte, 2008, é marcado pela saída de Alexandre Bernardino Costa, Armando de Oliveira Pimentel, Deocleciano Queiroga, Hegler José Horta Barbosa, João Pedro Ferraz dos Passos, José Messias de Souza, Roberto Ramos Aguiar e Vera Lúcia Santana Araújo. A Comissão passa a contar com a presença de Aline Sueli de Salles Santos, professora de Direito na Fundação Universidade Federal do Tocantins, Márcia Elayne Berbich de Moraes, professora de

---

11 Conforme Portaria n. 57, de 2007.

Direito da Universidade Veiga de Almeida, Vanda Davi Fernandes de Oliveira, integrante do Conselho Estadual de Meio Ambiente de Minas Gerais e Virginius José Lianza da Franca, advogado.

No decorrer do ano de 2009, deixaram a Comissão os conselheiros Luiz Carlos Duarte Mendes, Sergio Ribeiro Muylaert, Verônica Daniel Silveira, permanecendo todo o corpo restante que passou a contar com Ana Maria Guedes, bacharel em Direito e integrante do Grupo Tortura Nunca Mais, Edson Cláudio Pistori, professor universitário, Eneá de Stutz e Almeida, professora universitária da Faculdade de Direito da UnB, Maria Emilia Guerra Ferreira, psicóloga, Mário Miranda de Albuquerque, anistiado político e presidente da Associação 64/68, Rita Maria de Miranda Sipahi, servidora pública aposentada e ex-presa política.

No início de 2010, Tarso Genro deixa o cargo de ministro da Justiça e passa a pasta para Luiz Paulo Barreto, que permanece no cargo até 31 de dezembro desse mesmo ano. Nesse período, a Comissão registrou a saída de Vanderlei de Oliveira, representante das Forças Armadas e Beatriz do Valle Bargieri, anistiada política, sem novos nomeados para o cargo de conselheiro.

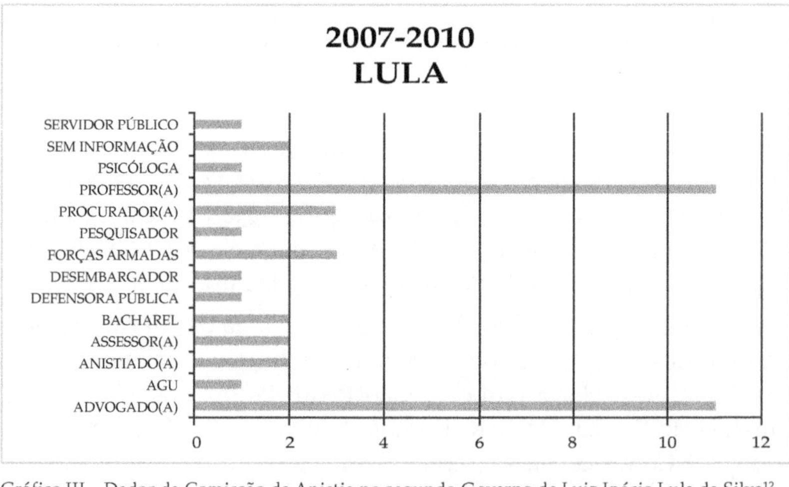

Gráfico III – Dados da Comissão de Anistia no segundo Governo de Luiz Inácio Lula da Silva[12].

12 Para melhor compreensão do gráfico, observar a explicação que precede o gráfico I.

Este último mandato do ex-presidente Lula apresenta um cenário diverso da Comissão de Anistia, em que se observa a consolidação de uma Comissão composta por um número maior de acadêmicos, com abordagem multidisciplinar, que conta com uma psicóloga, um pesquisador e uma representante da Defensoria Pública. Além disso, o aumento do número de anistiados é perceptível, o que apresenta formação mais compatível com a própria função reparatória dessa Comissão.

Diante dos dados apresentados neste tópico, é possível observar que a política de reparação operacionalizada pela Comissão de Anistia ganhou novos contornos com o decorrer das atividades, com abordagem jurídica, direcionando-se, entretanto, a um aspecto multidisciplinar, com a interação da sociedade civil e a adesão de conselheiros inseridos em contexto aptos a conduzir da melhor forma a transição democrática no tocante à reparação.

Essa variação na homogeneidade de formação e atuação dos conselheiros privilegia a pluralização da abordagem (DAGNINO, 2002), o que é considerado pela pesquisa como aspecto positivo no desenvolvimento da transição democrática brasileira. Isso porque, embora o discurso especializado privilegie o equilíbrio das decisões, do conhecimento objetivo e mesmo a condução das ações da Comissão, esse mesmo discurso pode influir em uma abordagem excludente, uma vez que a análise jurídica e das questões de direito são extremamente relevantes à compreensão dos requerimentos de reparação. No entanto, essa não é a única variável que deve ser considerada pelos conselheiros, cabendo uma percepção ampla da complexidade da transição democrática brasileira.

Ressalta-se que, como já afirmado, ao analisar a composição da Comissão de forma agrupada, este trabalho pretende perceber qual a abordagem pretendida pelos condutores da política reparatória (presidente da República e ministro da Justiça), uma vez que, ao designar os conselheiros, estes estão compondo o grupo que contém a formação necessária para desenvolver a política de reparação. O caminho eleito para, de forma objetiva, perceber o arranjo da Comissão de Anistia foi com a análise da inserção social dos conselheiros, por intermédio de sua qualificação profissional.

Como forma de prosseguir nesta análise, passaremos a observar o que fora desenvolvido pelos arranjos da Comissão de Anistia, considerando as proposições dos conselheiros para o melhor desenvolvimento da reparação transitória, bem como o que foi proposto pelas autoridades responsáveis por essa pauta, o ministro da Justiça e o Presidente. Da mesma forma, serão analisados os contextos políticos de cada momento da Comissão dentro do recorte proposto pelo capítulo, com objetivo de não deslocar os fatos de seu plano de fundo e analisar de forma global o caminho percorrido pela reparação no Brasil.

2.2 ANÁLISE DA POLÍTICA DE REPARAÇÃO EM SEU RECORTE INICIAL

Neste tópico analisaremos questões que ultrapassam a composição da Comissão em análise, capazes de revelar os traços de condução da política de reparação no Brasil. O trabalho, neste momento, tem como objetivo central a demonstração da movimentação da política reparatória, seus desdobramentos, a capacidade de ação da Comissão de Anistia e, ainda, a articulação contextual. Esta análise pretende nos posicionar de forma ampla e conjugar-se com os dados já apresentados anteriormente, para avançarmos em um comparativo dos períodos da Comissão dentro da análise do enquadramento em política de Estado ou de Governo.

De acordo com os relatórios oficiais da Comissão de Anistia (BRASIL, 2016)[13], no ano de 2002, foram autuados 8.553 requerimentos, sendo o ápice de requerimentos iniciados registrado no ano seguinte, quando o Ministério da Justiça registrou 22.926 processos. Em 2004 seguiu alto, com 11.916 requerimentos iniciados; e se estabilizou entre 2005 e 2010, com a média de 4.000 pedidos por ano. Esses números demonstram um importante elemento para nossa análise, uma vez que nos colocam diante da demanda dos cidadãos

---

13 Esses números foram apresentados no relatório anual da Comissão de Anistia de 2011, publicado somente em 2016. Nesse momento, a Comissão apresenta dados técnicos com base na conjunção do número de autuações registradas pelo Ministério da Justiça.

para a política reparatória no País e apresentam ao Estado o nível de investimento requerido por tal política.

Registra-se nesse período a formulação da Lei n. 10.559, em 2002, que rege toda a política reparatória no Brasil, como forma de regulamentar a Comissão de Anistia e sua atuação. O Ministério da Justiça publica em 2006 a Portaria n. 253, que de forma originária estabelece o formato da Comissão, seu funcionamento, descreve as funções dos membros e das outras descrições relevantes (BRASIL, 2006). No ano seguinte, 2007, o Decreto n. 6.061, é publicado para estruturar o quadro de cargos e funções gratificadas no Ministério da Justiça, que afeta de forma indireta a composição administrativa da Comissão em análise (BRASIL, 2007). No mesmo ano o Ministério da Justiça publica o primeiro regimento interno da Comissão, registrado pela Portaria n. 1.797/2007. Esse regimento estabelece os formatos de votação da Comissão, suas funções e atribuições, institucionalizando a estruturação e o funcionamento da Comissão. São essas as legislações vigentes no recorte do período em análise, sem qualquer alteração significante.

Outro dado que merece nossa atenção pode ser percebido no *Livro dos votos* (BRASIL, 2013), momento em que a Comissão publicou um compilado de votos de destaque, buscando registrar a atuação dos conselheiros em cada momento. Com a análise dos julgados do primeiro ano de trabalho, é possível perceber que os votos eram objetivos, ventilando questões exclusivamente jurídicas, meios de prova utilizados nos requerimentos e fundamentados em legislações capazes de justificar o parecer final.

O ano de 2003, marcado por um grande ingresso de requerimentos no âmbito da Comissão, também o foi pela fundamentação jurídica e o discurso especializado dos conselheiros, confluindo para uma análise quanto às provas apresentadas e o cumprimento dos requisitos legais para deferimento ou indeferimento do pedido.

Ocorre que, entre 2004 e 2006, é possível perceber, na amostragem apresentada no *Livro dos votos*, que os votos vão se tornando robustos e passam a levar em consideração questões contextuais dos requerimentos, tais como condições subjetivas dos requerentes, profissão à época da perseguição política, relatos de tortura e ainda informações históricas relevantes.

Com isso, a partir de 2007, é possível observar uma Comissão com embasamento múltiplo no momento de decidir sobre os requerimentos autuados. Cabe destacar que em nenhum momento a Comissão deixa de apresentar os fundamentos legais para a solução apresentada, no entanto são consideradas outras variáveis para o parecer final. Essa observação pode ser percebida pelas próprias ementas dos votos que, de forma demonstrativa, passaremos a apresentar:

> **ANISTIA. DIRIGENTE SINDICAL. DESTITUÍDO POR ATO INSTITUCIONAL INCURSO NO ART. 2º, I, DA MP 65/02. PELO PROVIMENTO DO SEU PEDIDO DE PRESTAÇÃO ÚNICA. ANTÔNIO VICTOR MARTINEZ CARREIRO,** busca perante esta E. Comissão de Anistia, a procedência do seu pedido concernente aos direitos elencados nos incisos I e II (prestação única), do art. 1º, da Medida Provisória 2.151/01, com fundamento no inciso VI, art. 2º, desta mesma Medida Provisória. (Requerimento de Anistia n. 20010414277; Relator: Conselheiro José Alves Paulino; ano de julgamento 2002).

> **EX-FUNCIONÁRIO DA COMPANHIA SIDERÚRGICA BELGO-MINEIRA. ABANDONO DAS FUNÇÕES PROFISSIONAIS REMUNERADAS EM VIRTUDE DE PERSEGUIÇÃO DE ÍNDOLE POLÍTICA. COMPROVAÇÃO. DECLARAÇÃO DA CONDIÇÃO DE ANISTIADO POLÍTICO. CONCESSÃO. PRESTAÇÃO MENSAL, PERMANENTE E CONTINUADA. CONTAGEM DE TEMPO DE SERVIÇO. DEFERIMENTOS.** I – Comprovado o vínculo laboral existente entre o Postulante e a entidade empregadora juntamente com a motivação política da perseguição vislumbrada, é de se conceder a declaração da condição de Anistiado político e a consequente reparação econômica, de caráter indenizatório, em prestação mensal, permanente e continuada. II – Nesse limiar, é de se conceder, também, a contagem de tempo de serviço relativamente ao período em que perdurou a perseguição sofrida. III – Requerimento de Anistia DEFERIDO. (Requerimento de Anistia n. 2001.02.01568. Relator: Conselheiro Marcello Lavenère. Ano de julgamento: 2003)

Militante Comunista. Perseguição política. Indiciamentos em inquéritos policiais militares (IPMs). Processos na Justiça Militar. Condenações. Prisões. Torturas. Morte nas dependências da Delegacia da Ordem Política e Social (DOPS), Declaração de Anistiado Político *Post mortem*, Reparação econômica em prestação única. Deferido I – Afirma a Requerente que seu falecido esposo era membro do Partido Comunista Brasileiro (PCB) e que sofreu intensa perseguição política. II – De acordo com sua narrativa, o *de cujus* foi indiciado em IPMs, processado pela Justiça Militar, preso, condenado com base nas Leis de Segurança Nacional e morto nas dependências da DOPS. III – Pleiteia a declaração de Anistiado político *post mortem* e reparação econômica em prestação única referente ao período de tempo da perseguição. IV – Pelo deferimento do pedido (Requerimento de Anistia n. 2002.01.11178; Relatora: Conselheira Ana Maria Lima de Oliveira; ano de julgamento 2004).

ESTUDANTE. PERSEGUIÇÃO POLÍTICA. PRISÕES. TORTURAS. INQUÉRITOS POLICIAIS. PROCESSOS NA JUSTIÇA MILITAR. EXÍLIO. DECLARAÇÃO DE ANISTIADO POLÍTICO. REPARAÇÃO ECONÔMICA EM PRESTAÇÃO MENSAL, PERMANENTE E CONTINUADA. CONTAGEM PARA TODOS OS EFEITOS. DEFERIDO PARCIALMENTE. I – Alega o Requerente que iniciou suas atividades políticas ainda na adolescência. Logo filiou-se ao PCB e passou a participar dos movimentos estudantis. Foi preso pela primeira vez por ocasião do Congresso de Ibiúna/SP, em outubro de 1968. II – Passou a ser perseguido e ingressou na clandestinidade. Sofreu Inquéritos Policiais, processos na Justiça Militar e torturas. Exilou-se no Chile, Panamá, na França, na Dinamarca e na Argentina. III – Pleiteia a declaração de Anistiado político, a reparação econômica em prestação mensal, permanente e continuada referente ao cargo de Professor que alega ter perdido e contagem de tempo para todos os efeitos. IV – Não logrou comprovar a perda do vínculo laboral como professor, mas demonstrou perda da atividade de músico profissional. Pelo deferimento da prestação mensal e da contagem de tempo de serviço, visto que trabalhou durante o exílio no exterior (Requerimento n. 2001.02.00577; Relator: Conselheiro Hegler José Horta Barbosa; ano de julgamento 2005).

ANISTIA. PERSEGUIÇÃO POLÍTICA. *POST MORTEM*. PROVA DOCUMENTAL. DECLARAÇÃO DE ANISTIADO POLÍTICO. REPARAÇÃO ECONÔMICA. PRESTAÇÃO ÚNICA. PELO DEFERIMENTO DO PEDIDO. I – A declaração de Anistiado político é assegurada aos que foram, por motivação exclusivamente política, entre 18 de setembro de 1946 a 05 de outubro de 1988, punidos com fundamento em atos de exceção, institucionais ou complementares, ou sofreram punição disciplinar, sendo estudantes, conforme preceitua o art. 2º, inciso VII, da Lei n. 10.559, de 2002. II – O Anistiando participou ativamente de manifestações e atividades políticas desde 1950. III – Conforme farta documentação acostada aos autos, provada está a militância e posicionamento político-ideológico do Anistiando, o que o coloca sob a proteção da lei de Anistia 10.559/02. IV – Opino pelo deferimento do requerimento de Anistia, concedendo a declaração de Anistiado político *post mortem* e indenização, em prestação única (Requerimento de Anistia n. 2005.01.52168; Relator: Conselheiro Alexandre Bernardino Costa; ano de julgamento 2006).

Exército Brasileiro. Anistia *post mortem*. Inviabilidade de permanência no posto. Período de repressão política. Reconhecimento judicial do direito à Anistia política. Excecução por agentes do Estado. Reconhecida a responsabilidade estatal. Concessão da progressão ficta na carreira militar. Efeitos financeiros retroativos. I – Carlos Lamarca abandonou o quartel em que servia durante o período de repressão política (em 24.01.1969), levando consigo armamento e munição. II – Posteriormente, foi lavrado o Termo de Deserção e, em 13.2.1969, o Capitão Lamarca foi excluído do estado efetivo do 4º Regimento de Infantaria. Foi reconhecido, judicialmente, seu direito à Anistia política. III – Carlos Lamarca faleceu em 17.9.1971. A responsabilidade do Estado por sua morte foi reconhecida pela Comissão Especial de Mortos e Desaparecidos Políticos. IV – Deve-se reconhecer a progressão na carreira militar mesmo após o falecimento, causado por responsabilidade direta do Estado. V – Caso na ativa estivesse, Carlos Lamarca alcançaria o posto de Coronel, passando à inatividade com os proventos de General de Brigada. VI – Os efeitos financeiros devem retroagir a 5.10.1988, tendo em vista os pedidos de Anistia anteriores formulados pela viúva. VII – Pelo deferimento parcial do pleito. (Requerimento de Anistia n. 2006.01.55584; Relator: Conselheiro Márcio Gontijo; ano de julgamento 2007).

Com a leitura das ementas, percebe-se a evolução da complexidade na análise nos votos, o que podemos atribuir ao acúmulo temporal da Comissão, diante do intenso contato com a matéria e de sua composição heterogênea, percebida a partir do segundo mandato do ex-presidente Lula, o que permitiu ainda uma abordagem multidisciplinar na condução das políticas de reparação e memória no Brasil.

Essa solidificação da Comissão na análise de requerimentos seguiu com o decorrer do tempo, sendo possível perceber a manutenção de votos complexos e com análises completas também nos anos seguintes, entre 2008 e 2010, período de grande estabilidade na composição da Comissão, como já demonstrado anteriormente. Faz-se necessário observar também a ampliação da ação da Comissão de Anistia, que pode ser percebida por ações de organização do grupo que ultrapassam a análise de requerimentos.

Destaca-se que o ano de 2007 é marcado pelo ingresso de Paulo Abrão na presidência do Conselho, que permaneceu no cargo até agosto do ano de 2016. Essa gestão (2007-2016) demarca um grande momento de desenvolvimento da transição democrática no Brasil, sendo Paulo Abrão a referência da gestão de projetos importantes no âmbito da construção da memória e impulsionamento da reparação, tais como o Memorial da Anistia, o projeto Marcas da Memória e as Caravanas da Anistia. Conforme citado por ele em sua carta de despedida, no período em que esteve na presidência a Comissão ressignificou o sentido da Anistia no Brasil, "não mais como perdão a quem resistiu, mas como pedido de desculpas devidos pelo Estado àqueles atingidos pelos atos de exceção" (ABRÃO, 2016).

É a partir de seu primeiro ano na gestão (2007) que a Comissão se institucionaliza como Comissão de Estado e passa a figurar com grande relevância, inclusive com aumento de verba advinda do próprio Ministério da Justiça[14]. Esse passo é demarcado, principalmente, pelo Decreto n. 6.061/2007, que institui em seu artigo 7º que é competência da Comissão em análise "formular e promover ações sobre reparação e memória (BRASIL, 2007)", oficializando pela primeira vez o eixo de memória como função da Comissão de Anistia. Isso se reflete logo em seguida, no projeto Marcas da Memória, instituído em 2008 para incentivar a produção de memória audiovisual e oral sobre o período da ditadura no Brasil e sobre a transição democrática promovida pela Comissão em análise, prevendo a abertura de editais específicos para a circulação de material e sua disponibilização educacional à população brasileira. Este é um projeto que desenvolve o eixo da memória por reflexo dos avanços do eixo da reparação, registrando um importante demarcador da dimensão dos trabalhos da Comissão.

Dentro desse projeto estão previstas diversas formas de ação, de acordo com a página oficial da Comissão em análise:

> O projeto Marcas da Memória expande a reparação individual para um processo de reflexão e aprendizado coletivo, fomentando iniciativas locais, regionais e nacionais que permitam àqueles que viveram um passado autoritário, ou que a seu estudo se dedicaram, dividir leituras de mundo que permitam a reflexão crítica sobre um período que precisa ser lembrado e abordado sob os auspícios democráticos.
>
> A iniciativa permite que a sociedade conheça o passado e dele extraia lições para o futuro, reiterando a premissa de que apenas conhecendo o arbítrio estatal do passado podemos evitar sua repetição no futuro, fazendo da memória um caminho para a reflexão crítica e aprimoramento das instituições democráticas (BRASIL, 2016).

Destaca-se que, de acordo com os dados públicos do Ministério da Justiça, a primeira chamada pública aconteceu em 2010, com

14 Esta informação é depreendida da análise do relatório da Comissão de Anistia, publicado em 2011 e com informações de acúmulos sobre a gestão da Comissão desde o início de suas atividades.

a seleção de nove projetos, divididos entre filmes, livros, exposições e ações educativas, com dotação orçamentária de R$ 2.511.521,83 (BRASIL, 2016). Nesse mesmo esteio, diversos seminários movimentaram os debates acadêmicos sobre a justiça de transição, o Brasil ganhou fôlego em sua jornada de desvendar e construir os caminhos de uma reparação complexa (BRASIL, 2016).

Este ciclo inicial é marcado pelo início das Caravanas da Anistia em 2008, projeto reconhecido nacionalmente e com potencial reparatório. Essas caravanas consistiam na realização de sessões públicas e itinerantes da Comissão, sempre associadas a atividades educativas e de incentivo à criação da memória social, promovidas pela própria Comissão de Anistia (ABRÃO et al., 2009). Conforme demonstra o boletim informativo desta Comissão que anuncia o início das Caravanas da Anistia:

> O Ministério da Justiça considera que os três pilares de um processo de transição democrática são a verdade, a memória e a reparação. Sendo o processo brasileiro de reparação às vítimas significativamente avançado, o governo federal passa a buscar, junto à sociedade, os caminhos para que a verdade possa ser revelada e a memória social, construída. É papel dos poderes do Estado dar encaminhamento à responsabilização pelas violações de direitos humanos cometidas nos períodos de exceção, dentro de suas estritas atribuições legais (Boletim da Comissão de Anistia, n. 24, julho de 2008).

Nesse espaço eram construídos momentos culturais, de homenagem aos cidadãos perseguidos daquela localidade, com a análise dos requerimentos formulados por cada anistiado. Essa articulação não só tornava o procedimento público, como envolvia a participação de diversos movimentos sociais e percorria as cidades do Brasil, reformulando a concepção de Anistia no âmbito da Comissão, conforme destaca José Carlos Moreira Filho, à época conselheiro da Comissão:

> A Anistia política trazida pela Constituição brasileira de 1988 (...) e regulamentada pela lei 10.559/2002 não pode ser mais encaixada no tradicional sentido da Anistia. Aqui fica claro o reconhecimento de que quem cometeu o maior crime não foram os perseguidos

políticos, mas sim aqueles que os perseguiram: os agentes estatais. Ao invés de o Estado perdoar, ele é quem pede perdão, ele é quem reconhece que errou quando prendeu, torturou e matou aqueles que estavam sob sua tutela, quando, mediante um golpe violento e antidemocrático, implodiu a ordem constitucional vigente (SILVA FILHO, 2008).

Nesse recorte, é importante ressaltar que essa nova concepção se deu, principalmente, pela adesão a um procedimento público de pedido de perdão do Estado aos anistiados políticos, uma vez que:

> Sempre que o perseguido ou perseguida política, ou então algum familiar ou representante, está presente na sessão de julgamento do seu requerimento junto à Comissão de Anistia, o Conselheiro ou Conselheira que preside a sessão, no final do julgamento que deferiu o reconhecimento da condição de Anistiada ou Anistiado político, em tom solene, pede desculpas em nome do Estado brasileiro por toda a perseguição, prejuízo e sofrimento que lhe foi causado (SILVA FILHO, 2008).

Esse pedido de perdão foi incorporado às sessões da Comissão mesmo dentro do Ministério da Justiça, tornando-se um momento de forte emoção aos presentes e com grande alcance simbólico, por se tratar de uma Comissão de Estado. Além disso, o pedido de perdão representa o momento em que o Estado se coloca diante da sociedade para reconhecer seus atos de exceção e garantir a não repetição. Segundo Eneá de Stutz e Almeida (2017): "é com este pedido que o Estado está garantindo a toda a sociedade que não mais perseguirá ninguém. Que nunca mais será autoritário. Que não ocorrerá outro Estado de Exceção. É a chamada garantia da não repetição". Nesse sentido, as Caravanas da Anistia foram responsáveis por devolver a voz aos Anistiados, acumular grande acervo de depoimentos e ainda apresenta a relevância da Comissão nos diversos estados pelos quais passou.

Ainda dentro do espectro do projeto Marcas da Memória, em 2009 a Comissão lançou a primeira edição da Revista da Comissão de Anistia, um periódico eletrônico que buscava selecionar estudos diversos sobre a pluralidade de assuntos vinculados à justiça de transição no Brasil, com o objetivo de movimentar o âmbito acadêmico e centralizar as produções científicas nesse sentido (ABRÃO, GENRO, 2009).

No ano de 2010, o projeto História Oral, também movimentado pela Comissão no âmbito do Marcas da Memória se iniciou com a assinatura de um termo de cooperação técnica com a as Universidades Federais de Pernambuco (UFPE), Rio Grande do Sul (UFRGS) e Rio de Janeiro (UFRJ), com objetivo de criar uma coletânea audiovisual com entrevistas de pessoas inseridas no contexto do período de exceção a partir de 1964, primando pela centralização da história da ditadura no Brasil, devolvendo o protagonismo aos oprimidos pelo regime (ABRÃO; CRUZ; TORELLY, 2012).

Essa movimentação em direção à construção de uma reparação coletiva e simbólica pela via da memória somada aos diversos depoimentos e dados colhidos nas Caravanas da Anistia, revelou a necessidade de centralizar toda a produção até então acumulada. Nesse sentido, foi formulada uma parceria entre a Comissão de Anistia e a Universidade Federal de Minas Gerais para a construção do Memorial da Anistia Política do Brasil (COMISSÃO DE ANISTIA, 2008), localidade física onde seriam promovidas as ações educativas, armazenados os acervos da Comissão de Anistia e, por consequência, promovida a ação continuada de impulsionamento da construção da memória social coletiva, elemento relevante à transição democrática e parte da reparação simbólica prevista pela Comissão em análise.

No ano de 2010, o Ministério da Justiça publicou a Portaria n. 203, que instituiu o Memorial da Anistia do âmbito da Comissão, estabelecendo seus objetivos, funções e designou a Comissão de implementação do memorial. Essa Portaria buscava dar encaminhamento à concretização do projeto, demonstrando a preocupação da Comissão com ele.

Essas ações refletem um importante passo da construção do eixo de memória na transição brasileira, no entanto faz-se necessário observar que a Comissão impulsiona essas ações com o objetivo de desenvolver a reparação moral, coletiva e simbólica, conforme afirmado no relatório anual da Comissão referente ao ano de 2011 (BRASIL, 2016). Com isso, busca-se reparar não só o indivíduo que requer a anistia, mas sim toda a coletividade que esteve sob a égide de um governo autoritário, além de alcançar o sentido simbólico, extremamente relevante à efetividade da transição democrática.

Convém rememorar aqui os sentidos da reparação, que ultrapassam o sentido econômico e alcançam o âmbito social, psicológico e coletivo. O rompimento com o viés exclusivamente pecuniário é, inclusive, uma necessidade quando tratamos da transição democrática, uma vez que a construção de uma sociedade comprometida com a democracia exige esse passo (ALMEIDA; LIMA, 2017).

Faz-se necessário apresentar o contexto político de inserção da Comissão, para que se compreenda o envolvimento complexo deste estudo. Inicialmente, destaca-se que ao final do primeiro ano de trabalho, acontece uma mudança de Governo, marcada pela eleição, à Presidência, de Luiz Inácio Lula da Silva, que à época da ditadura, iniciada em 1964, era sindicalista vinculado aos movimentos de oposição no Brasil, líder de grandes paralisações trabalhistas no ABC paulista e movimentador de ações em massa para protestar contra o autoritarismo (ALMEIRA; ROSA, 2017).

É central para a compreensão dos rumos alcançados pela Anistia no País compreender as questões centrais em torno no Programa Nacional de Direitos Humanos, criado pelo Decreto n. 1.904, de 13 de maio de 1996, com base no artigo 84, inciso IV, da Constituição Federal, para diagnosticar a situação presente das pautas envolvendo os direitos humanos no País e prever ações federais para dirimir e melhor administrá-las. No período em análise, foram publicados dois programas, o PNDH II, em 2002, ainda no governo FHC, e o PNDH III, divulgado no ano de 2009 – governo Lula, e amplamente debatido na sociedade.

O primeiro desses planos não mencionava diretamente a justiça de transição ou mesmo o desenvolvimento das ações da Comissão de Anistia de forma específica, tratando apenas de forma indireta quando nas ações de combate à tortura e violações de direitos humanos (PNDH, 2002). No entanto, com a publicação do PNDH III de 2009, a redação apresentava uma ampla veiculação da pauta de construção da transição democrática no Brasil, incluindo a alteração de logradouros com nome de torturadores, responsabilização dos violadores de direitos humanos pela via judicial e ainda criação de uma Comissão da Verdade para a promoção da memória e verdade no Brasil (PNDH, 2009).

Essa redação causou um amplo conflito entre os ministros Paulo Vanuchi, responsável pela Secretaria de Direitos Humanos[15] e Nelson Jobim, vinculado ao Ministério da Defesa, que concentra as Forças Armadas do Brasil. Este último ministro declarou publicamente ser contra a proposta do PNDH II, com respostas oficiais de Paulo Vanuchi sobre a importância das ações e de sua manutenção no Programa Nacional de Direitos Humanos. Diante dos embates públicos, a condução governamental foi no sentido de promover algumas alterações no texto do programa, suprimindo pontos de tensão, como a persecução dos torturadores. No entanto, a proposta da criação de uma Comissão da Verdade permaneceu no texto, o que causou grandes incômodos aos opositores (ALMEIDA, 2017).

É importante destacar que em abril desse mesmo ano, o Supremo Tribunal Federal analisou a Ação de Descumprimento de Preceito Fundamental (ADPF) 153 que tinha como objeto a discussão da não recepção da Lei da Anistia de 1979 pela Constituição Federal de 1988, com objetivo claro de afastar a concepção de Anistia ampla, geral e irrestrita, reivindicada pelos militares para afastar uma possível responsabilização penal.

Com um julgamento alarmante, o STF decidiu pela recepção da lei em análise, com votos que descrevem de forma assustadora a percepção da mais alta corte do poder judiciário brasileiro sobre o período do autoritarismo no Brasil, sem qualquer análise do contexto, com uma leitura legalista e afastada da construção de uma transição democrática e compromisso com o Estado de Direito no País, assumindo um acordo nunca existente.

Ocorre que, em novembro desse mesmo ano, a Corte Interamericana de Direitos Humanos (CIDH) iniciou a análise da Guerrilha do Araguaia no Brasil, ação que estava parada há nove anos dentre os processos dessa corte. Com a decisão do STF, no entanto,

---

15 Destaca-se que, nesse período a Secretaria de Direitos Humanos foi elevada ao *status* de Ministério.

o Brasil ganhou visibilidade internacional sobre a condução da pauta de transição democrática. Com a análise do processo, a corte condenou o País por descumprimento de diversas cláusulas da Convenção Americana, o que ampliou a repercussão nacional e internacional sobre a justiça de transição no País.

Neste contexto social, de fortes embates públicos, jurídicos e sociais em torno da Anistia, o País recebe uma nova presidenta da República. Dilma Rousseff assume para um mandato, seguido de reeleição e *impeachment*. Destaca-se que a Presidenta democraticamente eleita, foi presa política, considerada subversiva e terrorista pela ditadura de 1964. Com sua posse, forma-se uma expectativa no tocante ao desenvolvimento das políticas transitórias, em especial a reparação, já em curso no Brasil. Nesse recorte, a política de reparação promovida pela Comissão de Anistia, fortalecida no governo federal, enfrenta um cenário de crise internacional, seguido da mudança de governo. Dessa forma, passaremos a analisar os caminhos percorridos nesse segundo momento pela política reparatória no País.

2.3 ANÁLISE DOS DADOS APRESENTADOS (2002-2011)

Diante dos dados expostos neste capítulo, faz-se necessário construir uma análise que permita melhor compreensão da conjuntura apresentada. Inicialmente, voltaremos o olhar à composição da Comissão de Anistia. Como destacado no tópico que se propõe a demonstrar a metodologia, a concepção deste trabalho pretendia, em um primeiro momento, observar o aspecto da governança, isto é, a capacidade de integração da ação governamental em seus diversos níveis. Para isso foi eleito um eixo condutor capaz de permitir o mapeamento dessa relação entre os entes estatais.

Nesse sentido, considerando as peculiaridades da Comissão de Anistia, elegemos um elemento objetivo para, de forma clara, perceber a inserção social de cada conselheiro no período de seu mandato, qual seja: a qualificação profissional. Destaca-se que, na análise da Comissão, essa escolha ocorre em decorrência dos elementos diferenciadores dela. Isso porque, ao integrar o corpo de conselheiros da Comissão de Anistia, o cidadão não participa de um grupo administrativo, e sim de um arranjo composto para assessorar um Ministro de Estado nas decisões referentes aos requerimentos de outros cidadãos que tiveram seus direitos fundamentais violados pelo Estado brasileiro.

Com isso, um conselheiro não estará diante de uma simples subsunção da norma aos fatos, é preciso interpretar o pedido de anistia proposto com as lentes dos direitos humanos e com a percepção de que o Estado foi responsável por violações diretas e indiretas aos direitos fundamentais dos brasileiros. Para além disso, os conselheiros precisam estar cientes da transição democrática que conduzem no âmbito dos eixos da reparação e da memória. Desse modo, o que buscamos perceber foi a inserção social dos conselheiros para entender o arranjo da Comissão no decorrer dos anos de trabalho.

A concepção de governança é complexa, envolve diversos atores, relações institucionais e regulações (GRINDLE, 2004). Como forma de apresentar um recorte adequado ao trabalho, elegemos observar os multiníveis dentro da política de reparação. Assim, consideramos para cada arranjo o ocupante da Presidência da República, o ministro da Justiça e os conselheiros designados. Destaca-se que a cadeia anteriormente apresentada nos coloca diante de um elemento importante, uma vez que o(a) presidente(a) eleito(a) é responsável por indicar o ministro da Justiça que, por sua vez, é responsável por designar os conselheiros para assessoramento na Comissão de Anistia. Esse encadeamento representa, inclusive, a aspiração das autoridades delegadas por lei, já que a livre indicação presente nos cargos permite que sejam eleitos aqueles com as habilidades mais adequadas ao desenvolvimento das funções para as quais foram nomeados.

Percebendo a conjunção apresentada, é possível observar que a Comissão em análise surge com a ratificação de um discurso especialista, com totalidade de juristas no ano de 2002[16], sendo a

16 O ano de 2002 encerra o mandato presidencial de Fernando Henrique Cardoso.

maioria advogados do setor privado. Com a posse do presidente Lula, é possível perceber, ainda, uma maioria de juristas no grupo de conselheiros, mas nota-se a diversificação das categorias, como a nomeação de professores, que aparecem com alguma relevância nesse período, embora a maioria ainda fosse de procuradores e advogados.

Ocorre que, durante o mandato de reeleição desse presidente, é evidente uma significativa inclusão de professores universitários de diversas faculdades de Direito do País. Também registramos a entrada de psicólogos, defensores públicos e pesquisadores, o que nos coloca diante de uma diminuição do discurso especialista e o surgimento da interdisciplinaridade no arranjo da Comissão. Esse aspecto se reflete na percepção elaborada anteriormente sobre os votos da Comissão, uma vez que se mostram mais complexos e densos a partir do ano de 2007.

Destaca-se que o próprio conceito de governança apresentado pelas Nações Unidas busca refletir o exercício político, administrativo e econômico de gestão das ações estatais, por meio do qual é possível medir a capacidade das instituições de articular as obrigações para a viabilização dos direitos garantidos aos cidadãos brasileiros pela Constituição Federal (RONDINELLI, 2006). Essa visão, quando aplicada à política de reparação, pode ser percebida nas escolhas das autoridades responsáveis por sua condução, sendo que tais opções se refletem pela execução dos trabalhos da Comissão de Anistia.

Com a análise dos arranjos formados em cada mandato presidencial e mesmo em cada exercício dos Ministros de Estado responsáveis pelo Ministério da Justiça, é perceptível que houve um caminho, no recorte proposto, que conduziu a Comissão de um cenário formado pelo discurso especializado de juristas à conformação interdisciplinar percebida no segundo mandato do Governo Lula. Dessa forma, podemos perceber uma melhor governança na gestão de designados a conduzir a base da política estatal de reparação entre 2007 e 2010.

Essa evolução também é perceptível no segundo grupo de análise, dos dados contextuais, em que se nota o delinear de um caminho que institucionaliza práticas da Comissão voltadas ao engrandecimento da transição democrática brasileira.

No âmbito normativo, faz-se necessário ressalta que o Decreto n. 6.061/2007 é um marco regulatório que nos coloca diante de um grande avanço no âmbito da justiça de transição no País, uma vez que inclui como competência da Comissão de Anistia o desenvolvimento de políticas de memória. Esse eixo, não previsto pelo art. 8º da ADCT, é um importante vetor de transposição do período democrático e representa a ampliação do escopo de ação estatal nesse sentido.

Da mesma forma, a Portaria n. 1.797/2007 apresenta um primeiro regimento interno do órgão que consolida a Comissão e institucionaliza seus procedimentos no âmbito do Ministério da Justiça. É importante perceber que a criação de um regimento interno não só assegura a formalização de seus processos internos, funções e competências, como também garante a publicidade dos trâmites aos cidadãos, que passam a poder acompanhar de forma mais sistêmica o desenrolar da reparação no País.

Para além dos marcos legislativos que permitiram à Comissão uma movimentação no sentido da consolidação de seu trabalho na sociedade civil, é preciso perceber pontos de atenção que demarcam a trilha da transição democrática no Brasil. Dentre eles, a criação do projeto Marcas da Memória, que nos coloca diante de um passo da Comissão na elaboração de políticas abrangentes, uma vez que o projeto pretendia abarcar diversas ações voltadas à construção da memória e reparação em seus diversos sentidos, para viabilizar a integração da sociedade como participante ativa do processo da transição democrática. Por meio dele, foi possível registrar um grande acervo de produções nos mais diversos âmbitos para alimentar e impulsionar a criação de uma cultura democrática no País.

Esse projeto centralizador apresenta-se como abertura de cooperação da Comissão. É o momento em que se percebe a abertura a outros âmbitos sociais para aglutinar produções aos seus trabalhos internos, a sinalização que nos aproxima da chamada "Virada Hermenêutica" (ABRÃO; TORELLY, 2010) promovida por essa Comissão a partir de 2007, com práticas emancipatórias e que diferem do sistema tradicional de justiça do País (GATHE, 2015).

Nesse mesmo escopo, as Caravanas da Anistia representam um projeto de vanguarda da Comissão em análise, com a ressignificação da reparação por todo o País, a devolução de voz aos anistiados, a ampliação do sentido de perdão e a ampla repercussão do alcance da garantia de não repetição que, à época, era refletido pelo pedido público de desculpas do Estado brasileiro por intermédio dos conselheiros (ABRÃO et al., 2009).

As incursões das Caravanas permitiram a disseminação de discursos do período autoritário no País, buscando uma ação coletiva de acesso à justiça (BOAVENTURA, 2012). Essa construção avançou na quebra de paradigma dos moldes tradicionais de justiça como solução de lide individual, ao mesmo tempo em que se tornou um espaço de mobilização e construção de agendas nos entornos da Anistia (ROSITA, BAGGIO, 2013).

O encadeamento das ações dessa Comissão de Estado resulta na conformação da necessária construção de um espaço centralizador dos conteúdos acumulados pelo trabalho desenvolvido. Assim, o Memorial da Anistia, previsto pela Portaria n. 203/2010, certamente se apresenta como o resultado das construções coletivas da Comissão nesse período, uma vez que sua demanda surge diante da intensa produção de memórias reveladas neste período e pelo próprio oficio da Comissão, que nesse recorte analisou diversos requerimentos e se movimentou para ampliar a percepção da justiça de transição no Brasil.

Dentre os eixos da justiça de transição, percebe-se uma deficiência em dois deles no decurso analisado, quais sejam: reforma das instituições e persecução dos violadores de direitos humanos. No texto original do PNDH III, o Estado brasileiro acena para a abertura de canais que permitiriam um possível desenvolvimento da justiça em desfavor dos agentes estatais que por ação ou omissão afetaram os direitos fundamentais dos cidadãos. Esse diálogo, no entanto, foi travado em decorrência do percurso institucional do Programa Nacional de Direitos Humanos. Destaca-se que, para além disso, esse instrumento consolidou a previsão de uma Comissão

Nacional da Verdade, que, por sua vez, iniciou seus trabalhos em período seguinte. Esse marco institucional oficializa a posição do Estado de priorizar políticas de memória e verdade visando a consolidação da transição democrática no Brasil.

Esse dado, assim como os demais apresentados anteriormente, nos coloca diante da interpretação de que a partir de 2007 a política reparatória se consolida como política de Estado no Brasil e assim segue até o final do mandato do ex-presidente Lula. Isso se justifica pelo alinhamento das cadeias decisórias e de condução da política de reparação com base no escopo constitucional, uma vez que a política de Estado – como demonstrado no primeiro capítulo – é aquela que contém processos complexos de incorporação das diretrizes estatais estabelecidas em instrumentos normativos concebidos pelo Poder Originário, tais como a Constituição Federal e os instrumentos legais que se prestam a desenvolver e complementar seu texto, tais como a Lei n. 10.559/2002.

A incorporação de fundamentos da reparação e memória no escopo institucional do Estado brasileiro, a consolidação do desenvolvimento das políticas que buscam concretizar as ações reparatórias previstas pelo artigo 8º da ADCT e a condução coesa dos arranjos da Comissão de Anistia nos encaminham a um traçado linear que permite perceber a boa governança entre a Presidência da República, o Ministério da Justiça e a própria Comissão em análise, uma vez que os dirigentes da política constitucional em seus multiníveis demonstram, no período entre 2007 e 2010, harmonização do que é basilar para o bom desenvolvimento dessa política constitucional.

3

A política de reparação durante o governo de Dilma Rousseff e Michel Temer (2011-2018)

Neste momento da análise, usaremos a mesma estrutura textual já apresentada no capítulo anterior, buscando observar inicialmente o aspecto da governança na Comissão de Anistia e, por consequência, como os multiníveis de gestão governamental conduziram a política de reparação prevista na Constituição Federal de 1988 e, posteriormente, analisando o contexto de desenvolvimento da política de reparação. Esse recorte temporal, no entanto, guarda uma particularidade que levaremos em conta. Considerando que no ano de 2016, período em que corria o segundo mandato presidencial da ex-presidenta Dilma Rousseff, as casas legislativas analisavam uma denúncia de crime de responsabilidade que ocasionou seu *impeachment* em agosto do mesmo ano[1].

Diante disso, considerando as conturbações do ano de 2016 e, ainda, a divisão do mandato com o ex-vice-presidente Michel Temer,

1 Em dezembro de 2015, o presidente da Câmara dos Deputados, Eduardo Cunha, aceitou a análise de uma denúncia de crime de responsabilidade contra a então presidenta Dilma Rousseff, proposta pelos juristas Hélio Bicudo, Janaina Pachoal e Miguel Reale júnior. A análise desse pedido foi encerrada em agosto de 2016 com a cassação do mandato de Dilma e o início do exercício de Michel Temer. Informações disponíveis em: https://epoca.globo.com/tempo/noticia/2016/03/entenda-o-processo-de-impeachment-da-presidente-dilma.html.

adotamos uma divisão metodológica que analisa a composição da Comissão em três momentos diferentes. O primeiro deles refere-se ao primeiro mandato da presidenta eleita, em momento seguinte, analisaremos o primeiro ano de seu segundo mandato (2015) e o ano do *impeachment* (2016), para então analisarmos o mandato de Michel Temer entre os anos de 2017 e 2018. Isso porque, conforme já afirmado, uma observação apartada dos dados será capaz de nos colocar diante de uma análise qualitativa mais detalhada das ações da Comissão de Anistia neste quadriênio.

No mesmo sentido, faremos a análise de contexto de cada período ao mesmo tempo que observamos a composição e seu aspecto de governança, uma vez que esse formato facilitará a percepção organizada do plano de fundo em que atuava a Comissão de Anistia e as ações de movimentação das políticas reparatórias no País. Esse recorte nos permitirá compreender qual o olhar do Governo Federal para a Comissão e quais os papéis por ela desenvolvidos no decurso do tempo, nos aproximando de uma análise capaz de concluir sobre o caminho da política de reparação no Brasil como de Estado ou mesmo de Governo.

3.1 O PRIMEIRO MANDATO DE DILMA ROUSSEFF (2011-2014)

O ano de 2011 é assinalado pelo início do Governo Dilma Rousseff, presidente democraticamente eleita. Com ela, assume o Ministério da Justiça José Eduardo Cardozo, que ocupará o cargo até o início de 2016. Nesse período a Comissão se mantém relativamente estável e registra poucas mudanças. Em 2011, a Comissão não sofre qualquer alteração, com a permanência do corpo completo de conselheiros, sob a presidência de Paulo Abrão, mantendo-se todo o arranjo anterior. No ano seguinte (2012), ainda sob a mesma presidência, a Comissão de Anistia registra a saída de Maria Emilia Guerra Ferreira (por falecimento) e a entrada de Carolina de Campos Melo, Advogada da União, Caroline Proner, professora da Universidade Federal do Rio de Janeiro, Cristiano Otávio Paixão, professor da Faculdade de Direito da UnB e Nilmário Miranda,

Ministro de Estado de Direitos Humanos durante o governo Lula e anistiado político.

Em 2013, a Comissão mantém os mesmos conselheiros, com a nomeação de Manoel Severino Moraes de Almeida, professor da Universidade Católica de Pernambuco e Marlon Alberto Weichert, procurador do Ministério Público Federal. No ano de 2014, ainda sob a presidência de Paulo Abrão, consta a saída de membros antigos da Comissão: Edson Cláudio Pistori, Marcio Gontijo e Egmar José de Oliveira, com a permanência de todos os demais conselheiros e manutenção da presidência com Paulo Abrão.

Registrando o acúmulo do primeiro mandato da ex-presidenta Dilma Rousseff, a Comissão em análise apresenta o seguinte quadro:

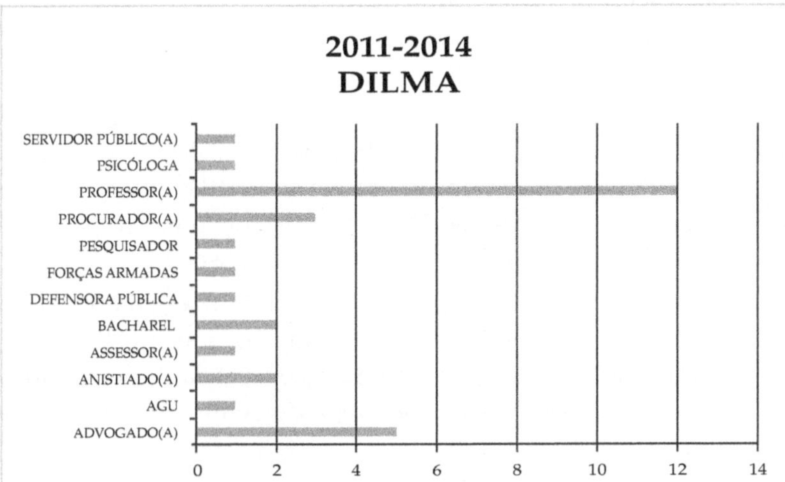

Gráfico IV – Análise do primeiro mandato de Dilma Rousseff.

É perceptível no primeiro mandato de Dilma Rousseff um decréscimo no número de advogados dentre os conselheiros, bem como o crescimento de servidores públicos e procuradores no gráfico. Nesse período a Comissão permanece estável quanto à composição, com registro de poucas alterações de incorporação e desagregação de seus membros, com a manutenção da maioria de juristas e a busca pela pluralidade na composição.

Observadas as alterações e manutenções estruturais da Comissão quanto à sua composição, faz-se necessário perceber como se desenvolveram as atividades do conselho dentre desse primeiro quadriênio da posse da presidenta eleita Dilma Rousseff.

Assim, com a análise dos relatórios anuais da Comissão de Anistia, é possível perceber um dado precioso ao nosso estudo: as alterações organizacionais ocorridas durante o primeiro mandato. Isso porque, desde o início do funcionamento da Comissão, sua organização estrutural era composta por funcionários terceirizados e estagiários ligados ao Departamento Penitenciário Nacional (DEPEN). No entanto, o Ministério Público do Trabalho em acordo com o Ministério da Justiça reduziu o corpo técnico de apoio da Comissão de 90 prestadores, quase todos terceirizados, para 62 prestadores, dentre eles, servidores vinculados a esse Ministério e alguns terceirizados[2].

Tais alterações foram responsáveis pela necessidade de capacitar os novos integrantes e redefinir os fluxos internos para a nova disposição da comissão, o que se refletiu consideravelmente na capacidade de análise dos processos a partir de 2011, que cai de 19% para 5%, com um deságio de 14%[3], com grande prejuízo para andamento dos trabalhos desenvolvidos nesse conselho.

Essas consequências são observadas de forma mais atenciosa pelo Ministério de Planejamento e Orçamento, que em 2012 apresentou uma consultoria para aprimorar a eficiência dos empenhos na Comissão, que resultou na compreensão de um funcionamento

---

2 Em 2009, o corpo técnico era formado por 66 prestadores terceirizados, 7 servidores do Ministério da Justiça e 3 designados por cargo comissionado. No ano de 2010, a Comissão contava com 48 terceirizados, 32 servidores do Ministério da Justiça e 3 ocupantes de cargos comissionados. Já em 2011, o quadro contava com 2 servidores do Ministério Público, 16 servidores do Ministério da Justiça, 3 designados para cargos comissionados.

3 De acordo com o relatório da Comissão de Anistia (BRASIL, 2014), esses números são alcançados de acordo com a proporção de requerimentos analisados pela Comissão naquele ano, considerando a soma dos processos autuados no ano com os remanescentes do período anterior.

inadequado e em desacordo com o Decreto n. 6.061/2007, com grande perda de memória institucional em decorrência da substituição de prestadores de serviços. A partir dessa consultoria, a Comissão ganhou uma nova estruturação de cargos, disposta pelo Decreto n. 8.031/2013, que incluiu 50 servidores efetivos, 17 terceirizados e 15 cargos em comissão, que permitiram a montagem de um sistema de competências capaz de dar vazão às funções estratégicas da Comissão de Anistia (BRASIL, 2013).

Destaca-se que, em decorrência das reestruturações, a partir de 2012 os índices de capacidade de análise processual saem de 5% (2011) para 14% em 2014, com isso, é possível perceber um bom desenvolvimento da estruturação definida pelo Ministério do Planejamento e Orçamento, bem como uma adequação da Comissão às novas exigências organizacionais.

Além desse fator estrutural da Comissão de Anistia, outro desafio na gestão das ações foi a queda significante do orçamento disponibilizado pelo Governo Federal. Em 2011, a Comissão contava com a rubrica de R$ 24.070.000,00, no entanto, a partir de 2012, o valor disponibilizado para prosseguimento das atividades passou a ser de R$ 15.000.000,00 (BRASIL, 2012)[4], o que representa a diminuição de 40% do orçamento utilizado no ano anterior. Esse cenário se repete no ano seguinte, quando a verba é reduzida para R$ 11.000.000,00, registrando uma queda de 26% em relação ao ano anterior e de 56% do orçamento utilizado pela Comissão até o ano de 2011 (BRASIL, 2013). Destaca-se que, este decréscimo se repete para os anos seguintes, sendo o orçamento da Comissão de Estado fixado em R$ 11.000.000,00 (BRASIL, 2014).

Nesse período, a Comissão prosseguiu com o desenvolvimento de ações para o impulsionamento das políticas de reparação e memória. Dentre eles, o projeto Marcas da Memória, que deu seguimento a algumas ações específicas promovidas pela Comissão. As Chamadas Públicas de fomento a iniciativas da Sociedade Civil,

---

4 Esses dados são identificados como desafios da gestão nos relatórios referentes aos anos de 2012 e 2013 publicados pela Comissão de Anistia.

iniciadas em 2010, têm continuidade em 2011 com o financiamento de 19 projetos e disponibilização de verba de R$ 6.324.056,96[5]. O mesmo acontece em 2012, com a circulação de 9 projetos com orçamento de R$ 3.548.756,81[6], e em 2013, quando a Comissão contou com 8 projetos com custo de R$ 2.419.430,11[7]. Destaca-se que consta na página eletrônica da Comissão que a partir de 2014 foram suspensos os editais, em decorrência da dotação orçamentária reduzida da Comissão. Com isso, não foram identificadas mais chamadas nesse sentido.

As Revistas da Anistia e Justiça de Transição, com publicação semestral a partir de 2009, foram publicadas até dezembro de 2014, quando a editoração deixa de constar na página de veiculação da Comissão de Anistia. Da mesma forma, as publicações financiadas pela própria Comissão para impulsionar a construção de um campo bibliográfico no âmbito da justiça de transição acontecem com regularidade entre os anos de 2011 e 2014[8], quando são divulgadas quatro publicações acadêmicas promovidas pela Comissão. Esses fomentos promoveram o acúmulo do campo bibliográfico, bem como embasaram diversas pesquisas no âmbito da justiça de transição.

Da mesma forma, o Memorial da Anistia, que surge como compromisso firmado em 2008 pela Comissão em conjunto com a Universidade Federal de Minas Gerais para centralizar os documentos e promover a construção da memória social coletiva no Brasil, no recorte temporal em análise passa por um processo que merece

5 Informações obtidas em: http://www.justica.gov.br/seus-direitos/anistia/projetos/marcas-da-memoria-ii-2011.

6 Informações obtidas em: http://www.justica.gov.br/seus-direitos/anistia/projetos/marcas-da-memoria-iii-2012.

7 Informações obtidas em: http://www.justica.gov.br/seus-direitos/anistia/projetos/marcas-da-memoria-iv-2013.

8 De acordo com a página de publicações da Comissão que concentra essas informações, em 2011 foram registradas 5 publicações; em 2012, 17 publicações; em 2013, 21 publicações; em 2014, 15 publicações.

destaque. Em 2011 o termo inicial foi aditivado com objetivo de traçar objetivos mais concretos para a implementação do Memorial. Esse aditivo envolveu um plano de trabalho que estabelecia novos prazos para os avanços, com pretensão de movimentar as etapas ainda não desenvolvidas.

No mesmo ano, a Comissão promoveu audiência pública para analisar os avanços do Memorial. Nesse momento a UFMG recebeu o prazo de dezoito meses para a conclusão das ações e nessa oportunidade também foi apresentado e finalizado o planejamento de curadoria museológica do acervo (BRASIL, 2013).

Nesse âmbito, para dar vazão às etapas de criação do Memorial, buscar publicidade e aproximação social, o Ministério da Justiça designou o Comitê de Acompanhamento da Sociedade Civil (CASC), que fora estabelecido pela Portaria CA/MJ n. 1 de 2009, e iniciou seus trabalhos junto ao Memorial em novembro de 2011, conforme demonstra relatório desse mesmo ano (BRASIL, 2011). Esse grupo passou a atuar como forma de controle e participação social na Comissão de Anistia[9], sobretudo nas pautas para a mobilização de continuidade dos trabalhos da justiça de transição no Brasil (CASC, 2016).

No ano seguinte (2012) foram concluídos os projetos executivos junto à UFMG e iniciadas as obras de ampliação, revitalização e construção do edifício escolhido para sediar o Memorial (BRASIL, 2012). Esse prosseguimento também aconteceu nos anos de 2013 e 2014, quando os convênios seguiram as etapas de construção e desenvolvimento da curadoria do Memorial (BRASIL, 2013). Entretanto, faz-se necessário registrar a ausência de informações oficiais sobre a implementação do Memorial da Anistia desde o último re-

9 Conforme estabelecido no art. 10 da Resolução n. 1 CA/MJ 2016: "É instância de controle e participação social, sem prejuízo das demais formas previstas na legislação pertinente e nas parcerias estabelecidas pelo órgão com a sociedade civil, o Comitê de Acompanhamento da Sociedade Civil (Casc), instituído pela Portaria CA/MJ n. 1, de 10 de março de 2009".

latório de 2014, não constando também informações em consultas oficiais ao Ministério da Justiça.

Destaca-se que as Caravanas da Anistia prosseguiram durante o recorte em análise, sendo que, em 2011, seis julgamentos públicos aconteceram[10]; em 2012, treze Caravanas da Anistia[11] foram registradas pelo Ministério da Justiça; em 2013 esse número caiu para onze[12], e em 2014 para dez[13].

Nesse mandato presidencial, no ano de 2012 a Comissão surge com um projeto inovador, as Clínicas do Testemunho, que, buscando alcançar os diversos sentidos da reparação, chegam à dimensão psicológica dos anistiados. Assim, inicia-se a formulação das Clínicas do Testemunho que, por meio dos editais abertos à sociedade civil buscam centros de apoio psicológico aos cidadãos que, no período militar, foram alvos da violência do Estado. Com essa ação, a Comissão chegava ao alcance da dimensão de reparação psíquica aos anistiados, ultrapassando a recompensa financeira. De acordo com o relatório do ano de 2012:

---

10 No ano de 2011 as Caravanas da Anistia aconteceram em São Paulo, Rio de Janeiro, Porto Alegre, Recife, Foz do Iguaçu e Salvador. Informações obtidas em: http://justica.gov.br/seus-direitos/anistia/calendario-de-sessoes/calendario-de-sessoes-2011/calendario-de-sessoes-2011.

11 Nesse ano as Caravanas acontecem nos seguintes locais: Fortaleza, Teresina, João Pessoa, Camaçari, Belo Horizonte, São Paulo (em duas edições), Bauru, Rio de Janeiro (em duas edições), Florianópolis, Curitiba e Porto Alegre. Informações obtidas em: http://justica.gov.br/seus-direitos/anistia/calendario-de-sessoes/calendario-de-sessoes-2012/calendario-de-sessoes-2012.

12 Em 2013, as Caravanas aconteceram em Brasília (em duas edições), São Paulo, Belo Horizonte, Goiânia, Ibiúna, Curitiba, Rio de Janeiro, Ipatinga e São Paulo (em duas edições). Informações obtidas em: http://justica.gov.br/seus-direitos/anistia/calendario-de-sessoes/calendario-de-sessoes-2013.

13 Nesse ano as Caravanas ocorreram em Recife, Salvador, Rio de Janeiro, São Paulo (em duas edições), Marabá, Belo Horizonte, Ronda Alta, Três Passos, Brasília, Florianópolis. Informações obtidas em: http://justica.gov.br/seus-direitos/anistia/calendario-de-sessoes/calendario-de-sessoes-2014-1/calendario-de-sessoes-2014.

Este projeto fortalece a ação da Comissão em direção à reparação integral na medida em que complementa o processo já iniciado – em suas dimensões financeira, moral e simbólica – com ações de apoio que buscam diminuir e erradicar os sintomas psicológicos que carregam aqueles cidadãos atingidos pelas violências cometidas por agentes estatais (BRASIL, 2012).

Nesse projeto, a Comissão centrava suas ações em dois âmbitos específicos, quais sejam: formação dos profissionais da área e atendimento aos atingidos. Com isso, buscava-se não só atender a reparação psicológica nos casos identificados, como também ampliar essa abordagem no País. Em continuidade ao projeto formulado em 2012, foi lançada no mesmo ano a chamada pública para selecionar os centros de atenção psicológica, com a eleição de Instituto Projetos Terapêuticos (RJ), Instituto Sedes Sapientiae (SP), Instituto Projetos Terapêuticos (SP) e Sigmund Freud Associação Psicanalítica (RS), com dotação orçamentária de R$ 2.174.338,28[14] e vigência entre os anos de 2013 e 2015.

Com a finalização desse período, a Comissão apresenta nova chamada pública com a seleção do Instituto de Estudos da Religião – ISER (Rio de Janeiro), Instituto Sedes Sapientiae (São Paulo), Instituto de Estudos da Religião – ISER (São Paulo), Instituto APPOA – Clínica, Intervenção e Pesquisa em Psicanálise (Rio Grande do Sul) e Instituto APPOA – Clínica, Intervenção e Pesquisa em Psicanálise (Santa Catarina)[15]. Destaca-se que, embora não exista registro da dotação orçamentária disponível, o edital evidencia que as atividades seriam desenvolvidas.

O desenvolvimento das Clínicas do Testemunho foi um grande marco na história da Comissão de Anistia, com repercussão em

---

14 Informações disponíveis em: http://www.justica.gov.br/seus-direitos/anistia/clinicas-do-testemunho-1/resultados-das-clinicas-do-testemunho/resultados-das-clinicas-do-testemunho-edital-2012.

15 Informações disponíveis em: http://www.justica.gov.br/Acesso/licitacoes-e-contratos/edital-de-chamamento-publico/editais-2015/edital-ct-final.pdf.

outras esferas da reparação. Conforme destacou Fabiana Rousseaux (2015) em uma análise dos trabalhos iniciais das clínicas: "O Brasil assume hoje um compromisso grandioso: abrir essa escuta depois de 50 anos. Não sabemos quais são as consequências, no entanto não perdemos de vista a linha que separa um Estado que ampara e abriga essa escuta de outro". Este pensamento reflete o impacto da política reparatória no Brasil, reflete a institucionalização de uma política de Estado capaz de perceber o viés para além do econômico em suas ações em direção à transição democrática.

Por fim, destaca-se que esse recorte conta com um importante passo à construção da memória e reparação. Conforme narrado anteriormente, o PNDH III previu a criação de uma Comissão da Verdade, para apuração das violações de direitos humanos ocorridas no período militar no Brasil. Em novembro de 2011 é promulgada a Lei n. 12.528, que cria a Comissão Nacional da Verdade, que inicia seus trabalhos em maio de 2012 com previsão de conclusão em 2013. No entanto, em decorrência da complexidade das análises, o mandato foi prorrogado até dezembro de 2014.

Com a conclusão dos trabalhos, a Comissão Nacional da Verdade entregou um relatório com três volumes, divididos em eixos temáticos, com a identificação de 434 desaparecimentos e mortes de pessoas sob custódia do Estado, listando 377 agentes públicos envolvidos em ações de violação dos direitos. Além disso, essa Comissão fez recomendações de medidas públicas e apontou como crime contra a humanidade as detenções arbitrárias, torturas, violências, ocultação de cadáveres, mortes e desaparecimentos forçados promovidos pelo Estado brasileiro (CNV, 2014). Essa construção, ainda que não desenvolvida pela Comissão de Anistia, é de extrema relevância ao processo de consolidação da redemocratização no Brasil, uma vez que a CNV produziu um relatório complexo, com valiosas informações sobre o período autoritário, capaz de identificar pontos de atenção às autoridades e recomendar reformulações para a construção de um caminho sólido da transição democrática.

3.2 SEGUNDO MANDATO DE DILMA ROUSSEFF E O *IMPEACHMENT* (2015-AGOSTO DE 2016)

Faz-se necessário adotar um recorte excepcional para esse período, considerando que Dilma Rousseff fora eleita para o mandato de quatro anos que se iniciou em 2015, no entanto, no dia 2 de dezembro desse mesmo ano, o presidente da Câmara dos Deputados, Eduardo Cunha, aceitou uma denúncia de crime de responsabilidade oferecida contra a então presidenta. A análise dessa acusação é finalizada no dia 31 de agosto de 2016, quando a presidenta da República é condenada e retirada do cargo para a posse de seu vice-presidente, Michel Temer. Com isso, ocorrem diversas alterações estruturais nos níveis de condução da política de reparação, o que nos leva a concluir por uma necessária análise apartada dos dados nesse período.

Em 2015, com a continuidade do mandato de Dilma Rousseff, o Ministério da Justiça permaneceu sob a representação de José Eduardo Cardozo bem como a presidência da Comissão de Anistia, com Paulo Abrão. Nesse ano, registra-se a saída da advogada Luciana Garcia, da então vice-presidente Sueli Aparecida Bellato e a entrada de Claudinei do Nascimento, servidor público, que assume na mesma posição que esta última conselheira.

No exercício presidencial até agosto de 2016, percebe-se um período de instabilidade política no Brasil, sendo que em março desse mesmo ano José Eduardo Cardozo deixa o Ministério da Justiça, assumido posteriormente por Eugênio Aragão. Esse ministro se mantém no cargo por um curto espaço de tempo, com o registro de saída em 12 de maio de 2016, quando a então presidenta Dilma é afastada do cargo, e os Ministros de Estado entregam seus cargos ao novo presidente em exercício, Michel Temer, que nomeia Alexandre de Moraes para o Ministério da Justiça.

Até agosto de 2016, a Comissão não contou com nenhuma alteração de seus membros, assim, o período apresenta a seguinte formação:

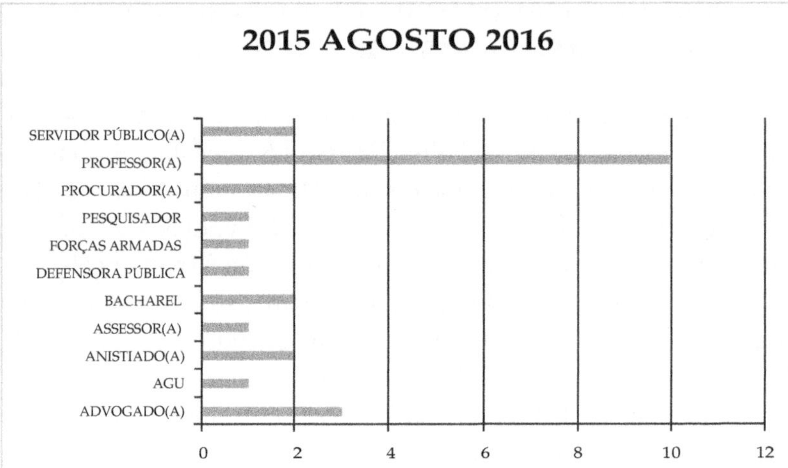

Gráfico V – Dados da Comissão de Anistia de 2015 a agosto de 2016.

Esse gráfico demonstra um perfil semelhante ao do mandato anterior, com a manutenção quase integral da composição, o que não nos possibilita uma análise diferente da anteriormente apresentada. Quanto ao plano de fundo do período em análise, destaca-se que um importante instrumento normativo é apresentado pela Comissão em abril de 2016, a Portaria CA/MJ n. 1/2016. Nessa publicação, o então presidente da Comissão, Paulo Abrão, usa da regulação para "Estabelecer as ações do Programa de Reparação e Memória que integram a Política Nacional de Promoção da Justiça de Transição e da Anistia Política" (BRASIL, 2016).

Dentre elas, estão previstas: as Caravanas da Anistia e sessões especiais de julgamento; o Projeto Marcas da Memória; as Clínicas do Testemunho; ações educativas para a memória e para a verdade; a Revista Anistia Política e Justiça de Transição; o laboratório de tecnologia para pesquisa em Memória e Direitos Humanos; a medalha "Nunca Mais"; a Rede Latino-Americana de Justiça de Transição; o Memorial da Anistia Política do Brasil e as Cooperações Internacionais.

Nessa Portaria são detalhadas as etapas de desenvolvimento de cada um desses projetos, bem como o estabelecimento do Comitê de Acompanhamento da Sociedade Civil (CASC) na Comissão de Anistia e centralizadas as produções de cada um dos projetos de memória e reparação na construção no Memorial da Anistia. Esse momento é de extrema relevância ao desenvolvimento dos trabalhos da Comissão e busca consolidar os projetos desenvolvidos de forma orgânica no decorrer de sua existência, com vistas a garantir a continuidade dos projetos iniciados. Destaca-se, no entanto, que a partir desse ano a obra foi paralisada devido a irregularidades detectadas no prédio onde ficaria instalado o memorial, por isso, o Ministério da Justiça decidiu suspender a última parcela prevista no acordo firmado com a UFMG.

Ainda assim, esse contexto é marcado por algumas desmobilizações no âmbito da Comissão de Anistia. Dentre elas, podemos listar os últimos anos de registro das Caravanas da Anistia, realizadas em 2015, quando a Comissão organizou sete[16] caravanas, e em 2016, quando a Comissão registrou apenas uma[17] sessão pública. Esse projeto passou pelas principais capitais do Brasil, no entanto sua interrupção não foi registrada na página oficial da anistia, nem mesmo documentado de forma a produzir memória completa do conteúdo acumulado. Nesse período são divulgadas as últimas publicações acadêmicas financiadas pela Comissão de Anistia[18].

Também foi observada a ausência de informações públicas sobre a Comissão de Anistia a partir de 2015, visto que no próprio *site* da Comissão não constam informações relativas ao período, exceto sobre calendário das sessões de cada ano. Da mesma forma, não estão registrados os relatórios anuais da Comissão, sendo que,

---

16 Em 2015 as Caravanas aconteceram em Belém (em duas etapas), Santos (três etapas), Palmas e Belo Horizonte. Informações obtidas em: http://justica.gov.br/seus-direitos/anistia/calendario-de-sessoes/calendario-de-sessoes-2014/calendario-de-sessoes-2015.

17 Esta última Caravana foi realizada em São Paulo. Informações obtidas em: http://justica.gov.br/seus-direitos/anistia/calendario-de-sessoes/calendario-de-sessoes-2016-1.

18 Em 2015, temos 11 publicações; em 2016, 2 publicações financiadas pela Comissão de Anistia.

de acordo com a consulta pública à informação registrada sob o SIC n. 08850004304201701, os relatórios são produzidos por consultoria contratada e, por ausência de contrato, a produção de 2015 não foi finalizada, bem como não foram iniciados os relatórios referentes aos demais anos. Tal ausência de informações não só fere a publicidade dos documentos oficiais, como também prejudica o direito à informação.

Convém destacar ainda que, de acordo com consulta pública formulada sob o registro SIC n. 08850004165201716, com a alteração do Governo Federal em 2016, a estrutura de cargos foi alterada de forma repentina, com a exclusão de setores principais de desenvolvimento das ações de responsabilidade dessa Comissão, o que se fez sem qualquer registro público e mesmo sem informações detalhadas no *site* Comissão de Anistia e no Portal da Transparência do Governo, ferindo o disposto na norma de estruturação editada em 2013.

Nesse sentido, é possível perceber que esse período (2015-agosto 2016) marca um intervalo em que os principais projetos da Comissão de Anistia não são continuados, bem como o Estado deixa de se movimentar no sentido da promoção das políticas de memória e reparação, considerando os encerramentos iniciados no mandato anterior de Dilma Rousseff e sequenciados nesse recorte.

3.3 O MANDATO DE MICHEL TEMER (AGOSTO 2016-2018)

A partir de 31 de agosto de 2016, Michel Temer passou a ocupar a posição de presidente da República, e Alexandre de Moraes permaneceu como ministro da Justiça[19]. Essa data é marcada por alterações significativas no âmbito da Comissão de

19 Conforme demonstrado anteriormente, com o afastamento de Dilma Rousseff da Presidência, os ministros de Estado entregaram seus cargos e foram substituídos por indicações de Michel Temer, então presidente em exercício. Com isso, Alexandre de Moraes foi nomeado ministro da Justiça.

Anistia, sendo publicada a Portaria n. 793, que dispensou a pedido os conselheiros Paulo Abrão – então presidente da Comissão, Aline Sueli de Salles Santos, Caroline Proner, Narcisio Patriota, Nilmário Miranda e Roberta Camineiro Baggio. Nessa mesma publicação do *Diário Oficial*, na portaria n. 792, a Comissão dispensou sem justificativa Ana Maria Guedes, Carolina de Campos Melo, José Carlos Moreira, Manoel Severino Moraes de Almeida, Márcia Elayne Moraes, Prudente José Silveira e Virginius José Lianza.

Neste mesmo dia, a Portaria n. 790 nomeou como novos conselheiros Amanda Flávio de Oliveira, Carlos Bastide Horbach, Fabiano Menke, José Francisco Rezek, José Rogério Cruz e Tucci, Luiz Alberto Gurjão Sampaio de Cavalcante Rocha, Paulo Loppo Saraiva, atuantes na advocacia privada, Otavio Brito Lopes, procurador e Arlindo Fernandes de Oliveira, consultor legislativo do Senado. Além desses, ingressam na Comissão de Anistia Carolina Cardoso Guimarães Lisboa, professora de Direito do Centro Universitário de Direito de Brasília, George Rodrigo Bandeira Galindo, professor de Direito da UnB, Gilda Figueiredo Portugal Gouvêa, professora na Universidade Estadual de Campinas, Kaline Ferreira Davi, professora de Direito na Universidade Federal da Bahia, Eunice Aparecida de Jesus Prudente, Fernando Dias Menezes de Almeida, Floriano Peixoto de Azevedo Marques e Nina Beatriz Stocco Ranieri, professores da Faculdade de Direito da USP.

No mesmo ato, o Ministério da Justiça na Portaria n. 791 nomeou como presidente Almino Monteiro Álvares Afonso, político brasileiro, que antes do início da ditadura de 1964 ocupara o cargo de ministro do Trabalho e da Previdência Social. Da mesma forma, designou para primeiro vice-presidente José Francisco Rezek e para segunda vice-presidente, Grace Maria Fernandes Mendonça, integrante da Advocacia-Geral da União.

No decorrer do ano, Alberto Goldman, ex-governador e vice-governador de São Paulo, passou a integrar a Comissão junto com os demais designados. Dessa forma, com a montagem do quadro de análise do ano de 2016, chegamos à seguinte estrutura de composição:

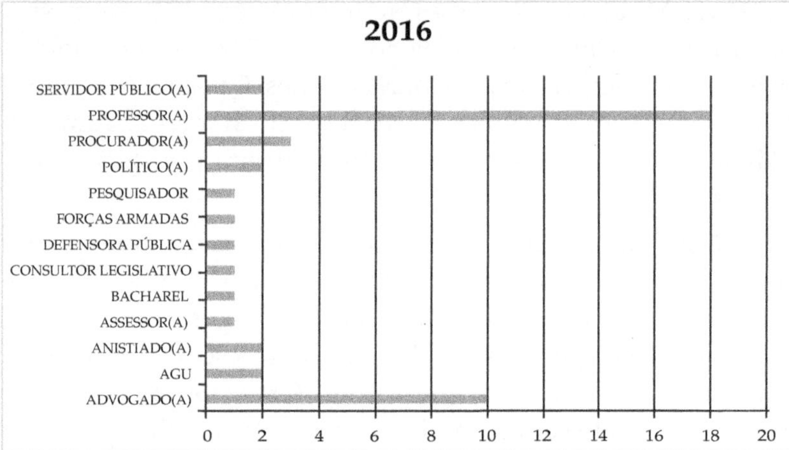

Gráfico VI – Análise do ano de 2016.

Com a análise do cenário do ano de 2016, é perceptível uma alteração substancial dos conselheiros da Comissão, que não se registrava desde meados do segundo governo do ex-presidente Luiz Inácio Lula da Silva, o que é reflexo das modificações promovidas pelo Poder Executivo na representação do Ministério da Justiça, e ainda na própria cassação do mandato da presidenta da República democraticamente eleita em decorrência do processo de *impeachment*.

Importante ressaltar que essa alteração significativa dos conselheiros gerou um desconforto no âmbito da Comissão de Anistia, considerando que os que foram listados pela Portaria n. 792 não haviam solicitado dispensa das atividades. Esse passo revela uma intenção direcionadora do Governo, que decidia então alterar o modo de condução das políticas reparatórias, substituindo o perfil do conselho.

Quanto aos dados da composição, nota-se um número maior de conselheiros representantes de órgãos públicos e alteração da regência dos trabalhos da Comissão, com a entrada de Almino Afonso e a saída de Paulo Abrão, que deixou a Comissão de Anistia para ser secretário executivo da Comissão Interamericana de Direitos Humanos[20]. Após a condução por nove anos, o conselheiro pediu dispensa do cargo, deixando um grande legado de construções e evoluções no processo de transição brasileiro.

No ano de 2017, Alexandre de Moraes permanece como ministro da Justiça até 7 de fevereiro[21], quando José Levi Mello do Amaral Júnior, então secretário executivo do Ministério, assume como ministro interino e assim permanece até 7 de março do mesmo ano. Em seguida, Osmar Serraglio foi nomeado para o cargo e, em 31 de maio desse ano, a agenda desse Ministério passou para representação de Torquato Jardim, que permaneceu até o final do exercício de Michel Temer.

Nesse período, saem do conselho Caroline Proner, Claudinei do Nascimento, Cristiano Otávio Paixão A. Pinto, José Carlos Moreira da Silva Filho, Juvelino José Strozake. Sob a presidência de Almino Monteiro Álvares Afonso, passam a integrar o corpo de conselheiros da comissão, Victor Ximenes Nogueira, Fabiano de Figueiredo Araújo, Maria Vitória Barros e Silva Saraiva, integrantes da Advocacia-Geral da União; Bruno Leonardo Guimarães Godinho, advogado, Félix Ângelo Palazzo, assessor jurídico; Fernando Ferreira Baltar Neto, professor do Instituto de Educação Superior da Paraíba, Gustavo Gonçalves Ungaro, professor da Universidade Nove de Julho, Jorge Octávio Lavocat Galvão e Roger Stiefelmann Leal,

---

20 Informação disponível em: http://www.vermelho.org.br/noticia/284914-1.

21 Na data de 6 de fevereiro de 2017, o ministro Alexandre de Morais foi indicado por Michel Temer para ministro do Supremo Tribunal Federal. Em decorrência disso, o então ministro pediu afastamento de 30 dias para que suas funções como representante do Ministério da Justiça não afetassem o procedimento de sabatina pelo Senado Federal. Informação disponível em: https://g1.globo.com/politica/noticia/alexandre-de-moraes-e-afastado-do-ministerio-da-justica-por-30-dias.ghtml.

procuradores; Ricardo Soriano de Alencar, servidor da Controladoria-Geral da União e Tarciso Dal Maso Jardim, consultor legislativo do Senado.

Destaca-se que, ainda em 2017, Almino Afonso deixa a presidência da Comissão, que passa a ser liderada por Arlindo Fernandes de Oliveira, que também deixou a Comissão durante esse ano, sendo que, depois de sua saída, não foi designado qualquer presidente até o final do ano de 2017. Nesse período, as associações de anistiados e representantes da sociedade civil promoveram uma moção de apoio à nomeação da conselheira Eneá de Stutz e Almeida como presidenta da Comissão, o que não foi aceito pelo ministro da Justiça.

Em 2018, Paulo Henrique Kuhn, integrante da Advocacia-Geral da União, é nomeado e assume a presidência da Comissão. Nesse mesmo ano, deixam o conselho Álvares Afonso, Arlindo Fernandes de Oliveira, Alberto Goldman, Fabiano Menke, Félix Ângelo Palazzo, Floriano Peixoto de Azevedo Marques Neto, George Rodrigo Bandeira Galindo, Gilda Figueiredo Portugal Gouvêa, José Rogério Cruz e Tucci, Marlon Alberto Weichert, Nina Beatriz Stocco Ranieri, Tarciso Dal Maso Jardim.

Nesse exercício são nomeados como novos conselheiros Donne Pinheiro Macedo Pisco, Joaquim Pedro de Medeiros Rodrigues, Ricardo Santoro Nogueira, Guilherme de Oliveira Mendes, advogados; Joanisval Brito Gonçalves, consultor legislativo do Senado; João Vitor Rodrigues Loureiro, Maria Thereza Nichele Reginatto, assessores jurídicos; Luís Antônio Camargo de Melo, procurador; Marcos Gerhardt Lindenmayer, Waldir João Ferreira da Silva Júnior, Walter Barbosa Victor e Ricardo Soriano de Alencar, servidores da Controladoria-Geral da União e Tarcísio Gabriel Dalcin, integrante das Forças Armadas, que entra como suplente do representante do Ministério da Defesa.

Com isso, diante dos dois anos de exercício de Michel Temer, a Comissão em análise apresentou a seguinte formação:

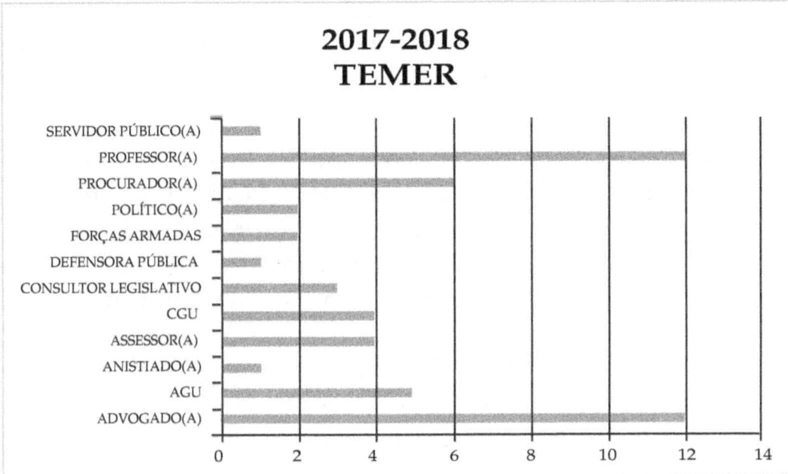

Gráfico VII – Dados da Comissão de Anistia durante o exercício de Michel Temer.

A análise do gráfico do nosso último recorte apresenta a crescente no ingresso de representantes da Advocacia-Geral da União, bem como da Controladoria-Geral da União e de consultores legislativos do Senado, o que nos coloca diante de um deslocamento do perfil anteriormente mantido na Comissão de Anistia, devolvendo o controle ao discurso especializado, com a grande participação de conselheiros que desenvolvem funções no âmbito da Administração Pública. Destaca-se que, nesse período, a regência esteve sob os olhos de um representante da Advocacia-Geral da União, o que acontece pela primeira vez em todo o histórico da Comissão.

Essa análise nos coloca diante de um cenário complexo de alterações no arranjo da Comissão e mesmo da devolução da homogeneidade de discursos aos trabalhos da Comissão. Não podemos nos esquecer de que os membros da Controladoria-Geral da União e da Advocacia-Geral da União exercem funções em defesa do Estado brasileiro não só com relação aos interesses da União como de seu patrimônio, o que apresenta um cenário ainda não visto nos períodos temporais já analisados.

Diante do cenário já exposto no decorrer deste capítulo, no decurso do mandato de Michel Temer, a Comissão já registrava um processo de desmonte em suas políticas de memória e reparação. No entanto, nesse período, em especial, algumas outras ocorrências devem ser registradas para que se compreenda o contexto em que está inserida a Comissão.

Assim, é relevante ressaltar que um dos únicos projetos ainda movimentados pela Comissão em análise, as Clínicas do Testemunho, foi desativado em 2017, quando se encerrou o período de vigência dos convênios firmados com as clínicas credenciadas e não houve qualquer direcionamento de verba para renovação das ações. Esse fato nos distancia dos sentidos de reparação antes alcançados nos trabalhos do Ministério da Justiça, encerrando um projeto de reparação simbólica e psicológica de grande relevância coletiva.

Da mesma forma, o Memorial da Anistia, com planejamento ainda vigente no âmbito da Comissão de Anistia, encontrou um grande obstáculo ao prosseguimento, uma vez que durante o ano de 2016, o Ministério da Justiça iniciou uma série de procedimentos administrativos para investigar possíveis irregularidades no convênio com a UFMG. Em dezembro de 2017, a Controladoria-Geral da União em parceria com a Polícia Federal realizou busca e apreensão de uma operação denominada de "esperança equilibrista" (em referência à música de João Bosco e Aldir Blanc, "O Bêbado e a Equilibrista", considerada o hino dos anistiados), que tinha como objetivo apurar supostos desvios de verbas na construção do Memorial da Anistia. Essa operação não só paralisou o desenvolvimento do Memorial, como levou sob condução coercitiva os então representantes da Universidade, o Reitor (Jaime Arturo) e a Vice-reitora (Sandra Goulart), e outros servidores vinculados à execução do projeto[22]. Destaca-se que até o presente momento, não constam informações oficiais sobre os rumos da investigação e tampouco sobre sua continuidade no âmbito do Ministério da Justiça.

---

22 A própria CGU divulgou nota em seu *site* afirmando que iniciava a operação para responsabilizar o desvio de verbas na construção do Memorial da Anistia. Informações disponíveis em: http://www.cgu.gov.br/noticias/2017/12/operacao-esperanca-equilibrista-apura-desvios-de-recursos-na-ufmg.

Necessário ressaltar que o Memorial da Anistia é um projeto concebido em 2008, com a pretensão de centralizar o acúmulo da Comissão de Anistia e da Comissão Nacional da Verdade desde os primeiros anos de trabalho em direção à construção da memória e reparação no País. Para além disso, a construção é um marco de representação simbólica da construção de memória coletiva no País, sua paralização e mesmo a investigação, de forma agressiva, representam um retrocesso no caminho percorrido até o presente momento.

Em 2018 é publicado o novo Regimento Interno da Comissão, que apresenta uma estrutura similar ao de 2007. No entanto, três alterações merecem destaque: a primeira delas é a alteração do capítulo I, que passou a apresentar uma nova redação da finalidade da Comissão, expandindo os alcances das ações institucionais[23], tornando oficial a responsabilidade de implementação do Memorial da Anistia Política do Brasil e a promoção de projetos sobre reparação e memória, antes constantes nas disposições gerais do Regi-

---

23 A redação do regimento anterior apresentava o seguinte texto: **Portaria n. 1.797/2007:** "CAPÍTULO I – NATUREZA E FINALIDADE: Art. 1º A Comissão de Anistia, órgão de assistência direta e imediata ao Ministro de Estado, integrante da estrutura regimental do Ministério da Justiça, a que se refere o art. 2º, inciso I, alínea 'd', do Anexo I do Decreto n. 6.061, de 15 de março de 2007, tem por finalidade executar as atividades previstas no art. 12 da Lei n. 10.559, de 13 de novembro de 2002, a saber: I – examinar os requerimentos de anistia; e II – assessorar o Ministro de Estado em suas decisões". Já a redação de 2018 assim estabelece: **Portaria n. 29/2018:** "DA CATEGORIA E FINALIDADE: Art. 1º A Comissão de Anistia, órgão de assessoramento direto e imediato do Ministro de Estado da Justiça e Segurança Pública, criada pelo art. 12 da Lei n. 10.559, de 13 de novembro de 2002, com estrutura definida no Decreto n. 9.150, de 4 de setembro de 2017, tem por objetivos: I – examinar os requerimentos de anistia política e assessorar o Ministro de Estado em suas decisões, nos termos da Lei n. 10.559, de 13 de novembro de 2002; II – implementar e manter o Memorial de Anistia Política do Brasil e o seu acervo; e III – formular e promover ações e projetos sobre reparação e memória, sem prejuízo das competências de outros órgãos".

mento[24]. Outra relevante alteração foi a previsão de um suplente para o representante do Ministério da Defesa[25]. Nessa mesma Portaria, o Regimento inclui na estrutura organizacional da Comissão – além do plenário e da turma, já inclusos no regimento anterior – a diretoria administrativa, que contém a organização dos cargos da Comissão de Anistia[26].

Existe, ainda, uma questão contextual a ser tratada neste capítulo, que se iniciou em 2017, no momento em que o Ministério da Justiça passou a usurpar a competência da Comissão de Anistia. Isso porque, considerando a redação da Lei n. 10.559/2002, a Co-

---

24 Este mesmo conteúdo de demonstração da finalidade da Comissão de Anistia é encontrado no art. 7º do Decreto n. 6.061/2007, que teve redação editada pelo Decreto n. 8.031/2013 para incluir tais termos. Informações disponíveis em: http://www.planalto.gov.br/ccivil_03/_Ato2011-2014/2013/Decreto/D8031.htm#art6.

25 Conforme texto legal: "Art. 5º A Comissão de Anistia será composta por, no mínimo, 20 (vinte) membros, denominados Conselheiros, que serão designados em portaria do Ministro de Estado da Justiça e Segurança Pública, e dela participarão, entre outros, um representante do Ministério da Defesa e seu suplente, indicado pelo respectivo Ministro de Estado, e um representante dos anistiados e seu suplente, consoante o disposto no art. 12, § 1º da Lei n. 10.559, de 2002. § 1º O representante dos anistiados será designado conforme procedimento estabelecido pelo Ministro de Estado da Justiça e Segurança Pública e segundo indicação das respectivas associações. § 2º Dentre os Conselheiros, será designado pelo Ministro de Estado da Justiça e Segurança Pública, 1 (um) Presidente, que não comporá nenhuma das Turmas, e 1 (um) Vice-Presidente".

26 Essa apresentação no regimento interno nos coloca diante de uma alteração importante, considerando que no Decreto n. 8.031/2013 foram estabelecidos como setores da Comissão de Anistia: o gabinete de direção; a coordenação geral de gestão processual e a coordenação geral do Memorial da Anistia Política no Brasil. No entanto, essa nova redação nos apresenta a seguinte divisão: gabinete de direção e coordenação de gestão processual, o que registra a supressão da coordenação do Memorial de Anistia Política no âmbito da Comissão. Informações disponíveis em: http://www.justica.gov.br/Acesso/institucional/sumario/regimento/comissao-de-anistia/comissao-de-anistia-portaria-no-29-de-15-de-janeiro-de-2018-diario-oficial-da-uniao-imprensa-nacional.pdf.

missão foi criada como Comissão de Estado com competência administrativa para assessorar o ministro da Justiça nos requerimentos da anistia. Essa decisão do ministro pode ser em discordância com a Comissão, no entanto deve se valer da assessoria desta para a análise dos pedidos, sob pena de desvio de finalidade (ALMEIDA, 2017).

De acordo com Eneá de Stutz e Almeida:

> O artigo 10 da mesma lei diz exatamente isto: "caberá ao Ministro de Estado da Justiça decidir a respeito dos requerimentos fundados nesta lei." Se a decisão final é do Ministro e a Comissão de Anistia é o órgão de Estado para assessorá-lo nesta matéria, é perfeitamente possível que o Ministro não concorde com algum voto proferido pela Comissão. E pode solicitar à Comissão que reveja seu posicionamento. Ou pode até mesmo simplesmente decidir em sentido contrário, fundamentando, para tanto, suas razões, como em qualquer ato administrativo.
>
> Mas não pode obter o fundamento de suas razões de outro órgão, sob pena de desvio de finalidade. Há jurisprudência tanto do Superior Tribunal de Justiça quanto do Supremo Tribunal Federal no sentido de que a competência da decisão é do Ministro de Estado da Justiça. E nem poderia ser diferente, pois a Lei 10.559/02 é expressa neste sentido. Também a mesma jurisprudência afirma, como o artigo 12 aqui reproduzido, que o órgão de assessoramento para este tema específico é a Comissão de Anistia. Assim, o Ministro pode rejeitar o posicionamento da Comissão, como muitas vezes já ocorreu. (ALMEIDA, 2017)

Ocorre que em sentido contrário a essa informação, o ministro responsável pela pasta da Justiça e Segurança Pública no Brasil, Torquato Jardim, solicitou por diversas vezes o assessoramento da Consultoria Jurídica, outra instância administrativa do Ministério da Justiça, que tem como pauta a análise de aspectos jurídicos de questões de interesse desse Ministério. Ainda de acordo com Eneá de Stutz e Almeida:

> O fundamento alegado, de que a decisão compete ao Ministro, e tanto a Comissão quanto a Conjur são órgãos de assessoramento, desconsidera que a Conjur é sim, órgão de assessoramento e con-

sulta para quaisquer aspectos jurídicos. Nas situações comuns, ordinárias, cotidianas de qualquer instância da Administração Pública (ALMEIDA, 2017).

Essa justificativa deixa de observar as particularidades da Comissão de Anistia, responsável por julgar requerimentos em que os cidadãos recorrem à instância responsável para que sejam analisados os fatos, ligados à vida íntima dos requerentes, e ainda para que seja reconhecida a culpa do Estado quando existente. Faz-se necessário recordar que esses requerimentos versam sobre violações aos direitos humanos promovidas pelo Estado brasileiro, o que deve ser tratado da forma devida, inclusive sem a exposição de documentos pessoais confiados àquela Comissão.

Esse procedimento resulta em recorrentes reformas das decisões finais dos conselheiros, o que retira da Comissão sua competência exclusiva para analisar requerimentos e ainda viola o devido processo legal garantido aos cidadãos que ingressam nesse âmbito para o devido acesso à justiça. Além disso, a criação de uma instância revisora para os trabalhos da Comissão é uma violação do que está disposto na Lei n. 10.559/2002 e nos demais regimentos que regulamentam o funcionamento da Comissão, demonstrando um alto nível de descompromisso das autoridades com a política de reparação e memória no País.

Por fim, no ano de 2018 a Comissão também registra um acontecimento de grandes proporções quando, em sessão administrativa, é determinado que não mais se faça o pedido de desculpas público oficializado pela Comissão desde o início das Caravanas da Anistia[27]. Esse fato é justificado por recorrentes reformas das decisões dos conselheiros. Durante as sessões públicas, o deferimento do requerimento do anistiado era finalizado com o pedido formal de desculpas pelo Estado brasileiro, por intermédio dos conselheiros. No entanto, com o procedimento de revisão instaurado pelo Minis-

27 Informações obtidas em: https://www.gazetadopovo.com.br/politica/republica/governo-temer-suspende-pedido-de-desculpas-as-vitimas-da-ditadura-13klbj0uqdjr0ni19mc8dbi0w/.

tério da Justiça, em diversas vezes, a publicação das portarias era no sentido contrário do decido pelo colegiado e, com isso, surgiam pedidos de revisão e mesmo indenização judiciais, considerando o constrangimento do anistiado presente na sessão.

Com isso, em decisão administrativa, foi definida a suspensão dos pedidos de perdão nas sessões de julgamento. É importante recordar aqui o sentido de não repetição que esse pedido garante na construção coletiva de uma política de reparação, o que nos coloca diante de um significativo retrocesso percebido nesse encaminhamento da Comissão, para além dos demais aqui registrados. Assim, passaremos a analisar os dados apresentados neste capítulo, para perceber como se caracteriza a política de reparação nesse último recorte.

3.4 ANÁLISE DOS DADOS APRESENTADOS (2011-2018)

Utilizando a metodologia já apresentada anteriormente, neste momento, analisaremos questões contextuais e ações concretas que retratam o desenvolvimento do trabalho da Comissão entre os anos de 2011 e 2018, período em que o País esteve sob o Governo da ex-presidenta eleita Dilma Rousseff e de Michel Temer, ex-vice-presidente, que passou a desenvolver as funções presidenciais após *impeachment* de Dilma. Esse período se inicia com a eleição de uma presidenta que, durante a ditadura militar de 1964, foi presa política considerada terrorista pelo regime[28]. Com a posse de Dilma, havia uma expectativa de amplo desenvolvimento dos pilares da justiça de transição no Brasil, principalmente no tocante aos trabalhos da Comissão de Anistia.

---

28 Dilma Rousseff integrou movimentos de luta armada em defesa da democracia durante o regime militar, a ex-presidenta participou de grupos como Comando de Libertação Nacional (COLINA) e da Vanguarda Armada Revolucionária Palmares (VAR-PALMARES). Durante a ditadura foi detida por dois anos, entre 1970 e 1972, torturada e considerada terrorista pelos militares (MEMÓRIAS DA DITADURA, 2015).

Inicialmente, convém apresentar os dados de autuações da Comissão, como forma de expor de forma quantitativa os acionamentos dos cidadãos à Comissão no período em análise, bem como demonstrar a demanda em relação aos conselheiros. Dessa forma, faz-se necessário registrar que, no ano de 2011, foram autuados 1.904 novos processos para análise do conselho, sendo que nos anos seguintes o ingresso manteve a média de 1.400 processos, com a marca de 641 processos iniciados em 2018[29]. Esse decréscimo pode ser relacionado ao decurso do tempo de funcionamento da Comissão, considerando que, durante os anos de trabalho, os requerimentos chegaram à marca de 22.926 autuações em 2003 e, posteriormente, registrou-se uma queda no número de novas solicitações, o que prosseguiu no intervalo em análise.

Com a análise global do período, é possível perceber que o primeiro mandato de Dilma Rousseff apresenta ampla movimentação do projeto Marcas da Memória, no entanto com encerramento dos editais para cooperação com a sociedade civil em 2014. Esse dado demonstra o fechamento de uma janela de grande utilidade para o desenvolvimento dos trabalhos da Comissão, vez que os financiamentos foram capazes de produzir conteúdo voltado à construção de memória coletiva e, mesmo, de reparação simbólica aos anistiados.

Essas interrupções aconteceram de forma sequencial no período entre 2011 e 2018, com a interrupção das edições da Revista da Anistia em 2014 e a finalização dos editais de fomento do projeto Marcas da Memória em 2014, o encerramento das Caravanas da Anistia e a paralisação das publicações acadêmicas em 2016, a suspensão das Clínicas do Testemunho em 2017 e, por fim, o cessar dos

---

29 Esses dados são retirados do relatório da Comissão de Anistia de 2014, último relatório publicado pelo Ministério da Justiça, sendo os números referentes a 2015, 2016 e 2017 extraídos de consulta formal a esse Ministério, formulada sob o registro SIC n. 08850000452201919; e os números referentes a 2018 publicados pelo Ministério da Mulher, Família e Direitos Humanos como dados abertos da Comissão de Anistia.

pedidos de desculpas e garantia de não repetição pelo Estado brasileiro nas sessões a partir de 2018.

Para além disso, a reestruturação institucional da Comissão com um longo período de transição, demonstra a relevância que as agendas voltadas à política de reparação passam a ocupar a partir do início do Governo de Dilma Rousseff. Além das interrupções, cortes orçamentários, redução de recursos humanos e usurpação da competência da Comissão de Anistia, faz-se necessário destacar como as composições montam um cenário diverso do que se percebia até então. Isso porque não só se diminui a interdisciplinaridade de discursos e se concentra no perfil jurídico-especialista, como é possível observar que o ministro da Justiça passa a designar servidores públicos ligados aos órgãos de controle e representação jurídica do patrimônio da União (CGU e AGU).

Esse aspecto revela como, claramente, o elemento de inserção social pela via da qualificação profissional é um dado objetivo que nos aproxima do direcionamento buscado nas políticas reparatórias, de acordo com a decisão de indicação do ministro da Justiça, uma vez que a inclusão de Advogados Gerais da União, Consultores legislativos e servidores da Controladoria-Geral da União, bem como demais designados, nos coloca diante de uma postura protetora em relação ao patrimônio material e simbólico do Estado, em desfavor da análise adequada dos crimes de lesa-humanidade reconhecidamente cometidos pelo Estado brasileiro (CNV, 2014).

Com isso, nota-se certa desmobilização do processo de redemocratização neste nível, bem como interrupção de importantes projetos por corte de verba orçamentária ou mesmo sem qualquer justificativa oficial. A própria reestruturação do corpo de suporte técnico demonstra uma desarticulação no Ministério da Justiça. É importante apontar que as políticas voltadas à construção de memória e reparação se modificaram de acordo com a condução do Governo nas alterações sucessivas desse período, no nível do Ministério e da Presidência da República.

Destaca-se que as interrupções dos projetos desenvolvidos pela Comissão são capazes de suspender o processo de reparação simbólica e coletiva e, ainda, de cortar o vínculo com o necessário caráter pedagógico dessa Comissão, uma vez que de acordo com os fundamentos da justiça de transição, a redemocratização passa pelo processo educacional dos cidadãos e cabe ao Estado brasileiro assumir essa responsabilidade (SOUSA JÚNIOR; DE SOUSA, 2015). Não é viável que a alternância de governos seja capaz de desmobilizar os esforços nos entornos da política reparatória, considerando que, como esse é um compromisso constitucional assumido pelo País diante de seus cidadãos, cabe a quem assumir o governo gerenciar as ações nesse sentido, sem desmobilizá-las.

Diante do exposto até este momento, retornaremos ao ponto focal desta pesquisa, para perceber qual o enquadramento possível dessa política no recorte analisado. É perceptível uma transição de política de Estado para política de Governo no decorrer do primeiro mandato da ex-presidenta Dilma, considerando que as ações da Comissão seguem seu curso até meados de 2014. No entanto, a partir desse momento, é perceptível uma interrupção das ações voltadas à memória e reparação, bem como um crescente desmonte do que fora desenvolvido no âmbito do Ministério da Justiça, o que prossegue até 2018, com uma desarticulação, inclusive, da função mais basilar dos conselheiros, a de análise dos requerimentos para a concessão da anistia política.

No espectro do conceito de política de Governo apresentado no primeiro capítulo, é preciso observar os níveis de profundidade alcançados pelas cadeias decisórias de cada política desenvolvida. Assim, a política pode permanecer no âmbito de decisões dos órgãos administrativos e mesmo do Poder Executivo, sendo assim enquadrada como política de Governo, ou mesmo alcançar dimensões mais aprofundadas das casas legislativas e documentos normativos que conduzem os princípios e fundamentos da República (DE ALMEIDA, 2009).

É perceptível que nesse período, as cadeias decisórias que determinaram a política de reparação no País circularam na circunscrição das escolhas do Ministério da Justiça e mesmo do Poder Executivo. Desse modo, podemos afirmar que a política de reparação a partir de 2014 é uma política de Governo, que não reflete os fundamentos constitucionais que pretendiam torná-la uma política de Estado. Destaca-se que essa demarcação se consolida com o decurso dos demais anos aqui analisados, o que a mantém como política de Governo e torna distante os fundamentos de um Estado comprometido com redemocratização pela via da justiça de transição. Feitas as análises, passaremos às conclusões finais desta pesquisa.

Considerações finais

Como forma de encerrar as análises desta pesquisa, faz-se necessário retomar o percurso do trabalho, rememorando as principais percepções depreendidas em cada uma das seções. Assim, como forma de imergir no âmbito da justiça de transição, foram apresentados os elementos sem os quais não se podem compreender as especificidades do estudo da justiça de transição no contexto nacional. Dessa forma, com os subsídios sobre o surgimento da justiça de transição como campo teórico, suas fases e fundamentos (TEITEL, 2000), restou demonstrado o encaminhamento da comunidade internacional sobre a necessária implementação de etapas previamente estudadas para que as sociedades recém-saídas de períodos autoritários consigam atingir a consolidação da redemocratização.

Esse fundamento é, inclusive, firmado pela Organização das Nações Unidas que, no documento que oficializa os eixos de condução da justiça de transição para as sociedades em processo de redemocratização, oficializou a necessidade de adequações à realidade de cada país, bem como o desenvolvimento dos eixos necessários para que desapareçam os vestígios de autoritarismo ali presentes (ONU, S/2004, 616). Importante ressaltar que, para além das rupturas institucionais, é necessário romper com a cultura autoritária e com os vestígios institucionais percebidos nas estruturas estatais. No entanto, esse processo não só leva tempo como exige procedimentos eficazes para tais fins.

Firmadas essas premissas, foram conceituados os eixos da justiça de transição estabelecidos pela literatura especializada, a saber: reparação, memória e verdade, justiça e reforma das instituições; com ênfase no primeiro eixo, considerando as escolhas desta pesquisa. Assim, restou estabelecida a definição da reparação como aquela que ultrapassa os limites da recompensa financeira, uma vez que, quando se fala da reparação aos anistiados, é preciso perceber as complexidades nessa responsabilidade do Estado, para assim perceber as demais dimensões desse eixo.

De fato, existe uma dimensão relevante de indenização monetária dos cidadãos que tiveram seus direitos violados, mesmo porque muitos deles perderam seus empregos, foram criminalizados, perderam o direito de acesso ao ensino e, portanto, foram financeiramente prejudicados. No entanto, as demais dimensões da responsabilidade de reparar alcançam as esferas psicológicas, simbólicas, políticas e, na maior parte das vezes, ultrapassam o aspecto individual.

Essa construção teórica também apresentou a reparação como escolha declarada do Estado brasileiro para desenvolver a transição democrática, considerando que a própria Constituição Federal apresenta em seu texto a previsão da criação de uma política de reparação para alcançar os atingidos e compensá-los de forma individual, sem deixar de desenvolver a reparação coletiva e simbólica como forma de buscar os propósitos da consolidação da cultura democrática. Tratando ainda do desenvolvimento da reparação, o capítulo inicial apresentou o marco legal responsável pela criação de um sistema complexo para o Estado brasileiro, capaz de atingir diversos âmbitos e fazer da reparação o eixo estruturante da transição democrática no País.

Percebe-se que o sistema reparatório previsto na Lei n. 10.559 de 2002 criou 22 categorias para identificar violações passíveis de reparação, delegou ao Ministério da Justiça a competência para desenvolver a transição democrática no âmbito da justiça de transição e, ainda, criou uma Comissão de Estado responsável por cuidar do processo de desenvolvimento dessa transição, com competência exclusiva para analisar os pedidos de reparação quando provocada pelos cidadãos atingidos e promover a reparação em amplos sentidos por livre iniciativa do Estado.

Ainda nesse momento de apresentação dos subsídios teóricos para compreensão da análise pretendida nesta pesquisa, explicitamos de maneira detalhada a construção dos conceitos de política de Estado e política de Governo, apresentando os principais conceitos de Estado e Governo, bem como de política e as formulações já existentes sobre essas considerações, para concluir que as políticas de Estado são aquelas que se desenvolvem em profundidade, considerando os fundamentos da República, bem como as pretensões do Estado, políticas que envolvem direcionamentos dos multiníveis relacionados e têm como base normas devidamente aprovadas pelas casas legislativas e que servem de embasamento para a consolidação do Estado Democrático de Direito. Já as políticas de Governo, são aquelas sob o domínio dos órgãos da Administração Pública, com participação decisiva e condutora dos Ministérios e do Poder Executivo, com uma temporalidade curta e sem valorizar – ou mesmo desconsiderando – os instrumentos normativos de direcionamento dos direitos garantidos aos cidadãos (DE ALMEIDA, 2009).

Com isso, construímos um aporte teórico adequado para conceituar as principais categorias usadas no decorrer da sistematização dos dados, que se iniciou na segunda parte do trabalho. Nessa etapa são apresentados os dados que compõem a parte fundamental da pesquisa. Assim, com a apresentação da metodologia que guia a construção dos dados e as fontes utilizadas, são introduzidas as chaves de análise, já conceituadas no primeiro momento da dissertação.

De acordo com a divisão estrutural, dois grupos de dados foram usados para entender os rumos da política de reparação no País, quais sejam: a composição da Comissão de Anistia e as ocorrências contextuais internas e externas, com influência direta na condução das ações estatais. Para isso observamos a inserção social dos conselheiros pela via do vínculo profissional e a análise dos fluxos e refluxos da política reparatória no País. Ressalta-se que essa opção busca privilegiar a própria natureza da Comissão de Anistia; isso porque, no momento em que a Constituinte estabelece a necessidade de um processo adequado de reparação e a Lei n. 10.559 cria a Comissão de Anistia para acompanhar o desenvolvimento desses trabalhos como forma de garantir uma análise específica, existe uma forte demonstração de que a pretensão do Estado é tratar de forma apartada esses requerimentos. Assim, não se trata de uma simples comissão administrativa; os requerimentos que ali chegam encontram pertinência política e dizem respeito ao reconhecimento de crimes contra a humanidade cometidos pelo Estado brasileiro. Com isso, elegemos o elemento objetivo identificado como o que, de fato, contribui para a construção de uma transição democrática adequada, qual seja a inserção social dos conselheiros, uma vez que ela reflete a identificação pessoal e a maneira com que cada um dos integrantes da Comissão se relaciona com a sociedade.

Da mesma forma, a análise contextual buscou não afastar essa pesquisa dos fatos decorrentes da atuação da Comissão, bem como dos fatores não provocados em seu âmbito, mas que influem diretamente no desenvolvimento dos trabalhos. Essas escolhas objetivaram a percepção da governança no desenvolvimento das políticas em análise e a compreensão do caminho percorrido pela justiça de transição no Brasil. Com o decorrer das sistematizações, foi possível perceber que, de fato, os elementos eleitos para perceber os pontos de atenção do trabalho foram suficientes, uma vez que capazes de transmitir os elementos centrais perquiridos pelo estudo.

O primeiro recorte analisado foi referente ao último ano de mandato do ex-presidente Fernando Henrique Cardoso, bem como os dois mandatos do ex-presidente Luiz Inácio Lula da Silva (2002-2010). Quanto à composição, a Comissão se inicia com um perfil jurídico e especialista, formado por maioria de conselheiros formados em Direito, com atuação na advocacia privada ou órgãos que representam juridicamente a União e seu patrimônio. Com o início do Governo Lula, é perceptível a variação no perfil dos conselheiros, que passam a contar com integrantes de áreas diversas, com a diminuição do perfil jurista/especialista. Essa percepção torna-se mais concreta com o segundo mandato presidencial de Lula, que conta com um arranjo interdisciplinar, aderindo a uma conformação mais adequada às funções da Comissão em análise.

Em um segundo momento, a análise das questões que ultrapassam o arranjo da Comissão de Anistia demonstra uma evolução também das ações relacionadas ao impulsionamento das políticas reparatórias. A Comissão passa a contar com projetos originais de desenvolvimento da reparação simbólica, direcionar fomentos à produção de conteúdos voltados à transição democrática, firmar cooperações com a sociedade civil e ampliar seu escopo de atuação. Essa abertura se inicia ao final do primeiro mandato de Lula e se consolida no âmbito do Ministério da Justiça a partir de 2007. Assim, concluiu-se que no período entre 2007 e 2010 a política de reparação consolidou-se como política de Estado no País, o que restou demonstrado com a análise conjunta dos dados apresentados no segundo momento.

Com a alteração do representante do Poder Executivo, a pesquisa passa a analisar um novo recorte que engloba o primeiro mandato presidencial de Dilma Rousseff, o primeiro ano do segundo mandato da ex-presidenta, o ano do *impeachment* e o período de exercício de Michel Temer (2011-2018). Esse período precisou de um recorte especial, considerando que o segundo mandato de Dilma foi interrompido e que o ano de *impeachment* contou com conturbações políticas e significativas alterações na Administração Pública. Com isso, o trabalho analisou de forma apartada, conforme se vê na demonstração metodológica que inicia o terceiro capítulo.

A análise demonstrou que no primeiro mandato de Dilma a Comissão manteve a estabilidade em sua composição, já no segundo mandato registrou-se o ingresso de conselheiros com vínculos institucionais com o Estado. Destaca-se que no ano do *impeachment* aconteceu uma alteração substancial dos conselheiros, com o ingresso de servidores públicos, o que inicia o deslocamento do perfil de composição da Comissão. Esse ano também é marcado pela saída de Paulo Abrão, presidente da Comissão por nove anos. Com o início do exercício de Temer, a Comissão passa por nova alteração expressiva de seus membros, sendo essa marcada pelo ingresso de representantes de órgãos de controle e defesa do patrimônio da União, o que resulta em uma mudança significativa no perfil da Comissão, com o retorno do discurso jurídico/especialista e distanciamento da interdisciplinaridade antes registrada pela Comissão de Anistia.

A síntese analítica desse período revela o início de um preocupante desmonte das políticas desenvolvidas pela Comissão. Essa verificação ocorre em diversos âmbitos, com a reestruturação administrativa, a redução do orçamento anual da Comissão em 56% em relação aos anteriores, a interrupção de projetos de destaque nacional e internacional, a montagem de uma operação investigativa sobre as verbas direcionadas ao Memorial da Anistia, a finalização de cooperações com a sociedade civil, a suspensão dos pedidos de desculpa – garantia da não repetição –, o desvio da competência da Comissão na análise dos requerimentos, a instauração de uma instância revisora dos votos pelo próprio Ministério da Justiça e a desmobilização das ações para promoção da memória e reparação no País.

Os fatos apresentados são todos articulados no âmbito no Ministério da Justiça, sem qualquer reflexão dos multiníveis responsáveis pela condução das políticas em análise. Destaca-se, ainda, que não houve qualquer alteração nos princípios e fundamentos da República (usados como base para conduzir as políticas no País). Dessa forma, é possível perceber que as políticas antes tratadas como de Estado até o final de 2010, a partir de 2014 passam a contar com uma desmobilização e integrar o grupo das políticas de Governo, sendo conduzidas de acordo com os interesses e prioridades dos representantes do Ministério da Justiça.

Essa sucessão de acontecimentos, quando analisada no marco teórico eleito, reflete um percurso em que a política de reparação iniciou seu processo com a pretensão de se tornar uma política de Estado, conforme determina a Constituição Federal de 1988, mas, com o decorrer de seu desenvolvimento e com a alteração das autoridades representantes nos multiníveis já apresentados, foi possível perceber uma não priorização da agenda envolvendo a transição democrática. Ressalta-se que essa desmobilização se iniciou de forma mais estrutural e indireta durante o primeiro Governo de Dilma Rousseff, o que não se coaduna com a própria trajetória de vida da então Presidenta que, durante o período autoritário foi presa política e considerada terrorista pelo Estado brasileiro.

Ressalta-se que a Comissão de Anistia brasileira é um modelo de referência mundial, uma vez que todo seu procedimento é público e com amplo acesso da sociedade civil. Além disso, as ações desenvolvidas pela Comissão, no período em que era possível, também se tornaram modelos de promoção da reparação em sentido amplo e condução das políticas de memória para a construção de uma cultura democrática, com reconhecimento mundial nesse âmbito. Ocorre que as sucessivas desmobilizações resultaram na transformação de uma política de Estado em política de Governo. É preciso ainda destacar algumas conclusões resultantes do desmonte claramente demonstrado por este trabalho.

A desmobilização da agenda da transição democrática iniciada pela Constituição Federal de 1988 começa a dar sinais em 2014, com as sucessivas interrupções do decurso das atividades da Comissão. Esse cenário se agrava em 2016, quando os conselheiros são substituídos em sua maioria, com uma mudança estrutural do perfil da Comissão. Importante destacar que essa modificação significativa parte do Ministério da Justiça, o que nos demonstra um forte indício de política de Governo, considerando que tais alterações refletem uma mudança substancial na condução da política em análise, com a modificação, inclusive, dos direcionamentos internos.

Desse momento em diante são identificáveis algumas alterações voltadas ao desmonte da política reparatória no País. Uma delas é a constante solicitação de revisões aos pareceres dos conselheiros por parte do Ministério da Justiça. Destaca-se que a Constituição Federal determinou o necessário desenvolvimento das políticas de memória. Para isso, o Estado editou a Lei n. 10.559/2002 para regulamentar esse dispositivo constitucional e dar efetividade ao conteúdo do mesmo. Dentre as diversas determinações dessa lei, está a criação da Comissão de Anistia como Comissão de Estado com competência exclusiva para analisar os requerimentos e assessorar o Ministro de Estado nesse assunto. No momento em que o próprio Ministro de Estado solicita uma revisão do parecer elaborado por conselheiro designado, ou mesmo altera o resultado já proferido em sessão pública, o Estado brasileiro comete uma incoerência legal, usurpa da Comissão sua competência exclusiva e se vale de outros instrumentos, o que revela exatamente uma desarticulação da participação dos conselheiros no processo decisório e uma desconsideração do texto constitucional.

O mesmo indício de retrocesso é observado com a suspensão do pedido de perdão pelo Estado brasileiro. Desde o início das Caravanas da Anistia em 2007, a Comissão passou a incorporar como procedimento interno o pedido de perdão aos cidadãos anistiados; esse ato integrava o aspecto simbólico da reparação, sendo um momento de grande emoção para os presentes. Da mesma forma, no momento em que o Estado pede perdão, é perceptível o reconhecimento das violações por ele provocadas e ainda a garantia de não repetição, uma vez que se compromete com a sociedade; é um ato que reconhece violações do passado e conecta no tempo presente o compromisso para o tempo futuro. Com isso, é indiscutível que a suspensão desse pedido por decisão administrativa da Comissão é um retrocesso expresso. Ainda que com justificativas próprias, a interrupção apresenta o perfil dos conselheiros em 2018, que em sua maioria compõem o grupo dos vinculados ao Governo e que passaram a integrar a Comissão para representá-lo.

É necessário fazer uma análise da Comissão para além dos números que concluem sobre as indenizações concedidas pelos conselheiros. O Estado precisa compreender as dimensões complexas que vão além desse dado que reflete apenas uma parte do que deve ser compensado aos cidadãos cujos direitos foram violados, que foram perseguidos e torturados por sua ordem. Assim, as indenizações deferidas aos anistiados não refletem somente a responsabilidade civil do Estado, mas um esforço para compensar minimamente os danos sofridos por eles. Importante rememorar que muitos desses requerentes tiveram prejuízos financeiros comprovados por injustas perseguições.

A transição democrática não está finalizada, são inúmeras as razões que apontam nesse sentido, é preciso prosseguir de forma zelosa nos caminhos da justiça de transição no País. É importante destacar que "existe um hiato entre a existência formal de instituições e a incorporação da democracia às práticas cotidianas dos agentes políticos" (AVRITZER, 1996), e é de responsabilidade da transição democrática preencher essa lacuna e criar o liame entre a existência formal das instituições, seu funcionamento e a incorporação das práticas democráticas pela sociedade civil.

O decurso desta pesquisa encontrou apontamentos claros de que a política de reparação teve dois momentos importantes, o primeiro entre 2007 e 2010, quando ela era uma política de Estado em desenvolvimento no Brasil. Entre 2002 e 2006, não pode ser enquadrada propriamente como uma política de Estado ou de Governo, uma vez que estava em desenvolvimento e consolidação, portanto é um período de construção do caminho para uma política de Estado, que caminhava de acordo com os fundamentos da República previstos pela Constituição Federal e assumidos perante os cidadãos brasileiros. Entre 2011 e 2013 é percebido também um caminho em que a política não encontra enquadramento exato, pois alguns projetos ainda são desenvolvidos para consolidação dos fins reparatórios e existem indícios de algumas desmobilizações por parte do Governo.

Com o início de 2014 é perceptível o enquadramento dessa política como de Governo, o que se comprova pelas alterações promovidas pelo Ministério da Justiça, bem como os desmontes sucessivos de acordo com os interesses governamentais da época. Esse cenário se prolonga até 2018 com a finalização do mandato de Michel Temer, quando a Comissão se apresenta com um corpo de conselheiros completamente diferente do visto anteriormente, sem expressividade no desenvolvimento dos eixos da justiça de transição. Como forma de demonstrar um quadro comparativo das composições no decorrer do recorte analisado, colaciona-se um gráfico comparativo:

COMPOSIÇÃO PROGRESSIVA DA COMISSÃO DE ANISTIA

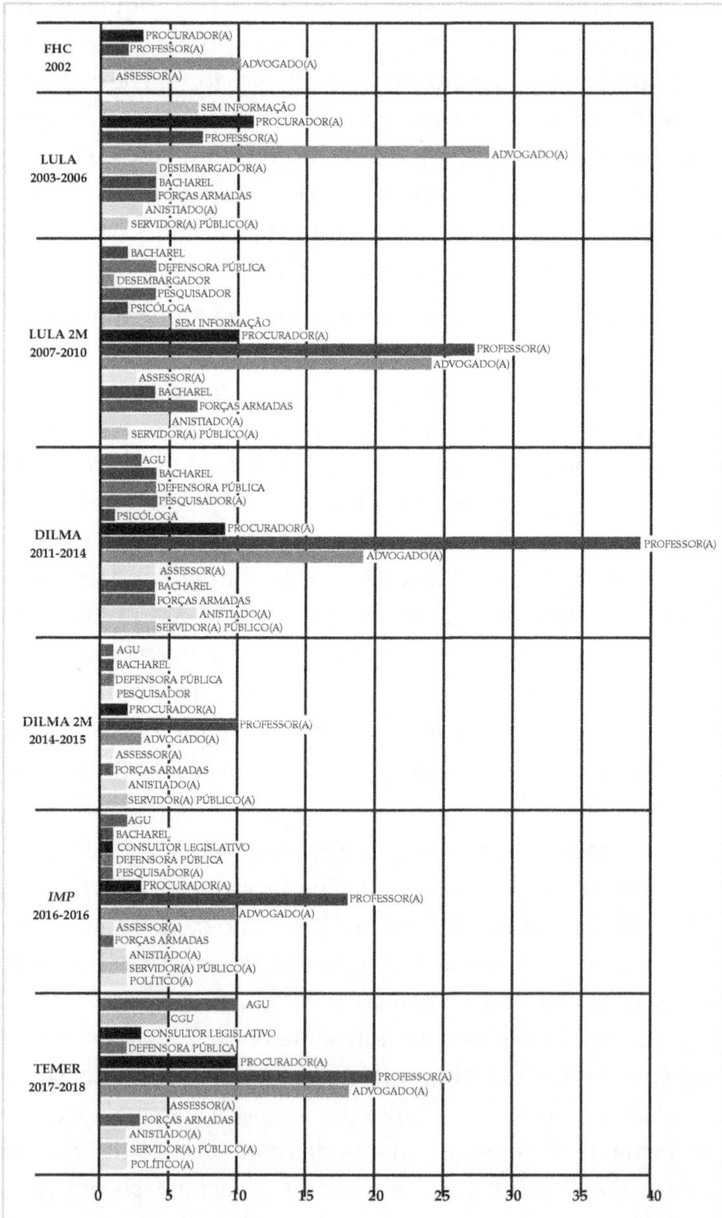

É perceptível uma alteração significativa e um casamento com os períodos narrados. A Comissão de Anistia sofreu modificações ao longo de sua trajetória e estas se tornaram mais substanciais de acordo com a política demonstrada anteriormente. Esse dado comprova que, no decurso de sua existência, o perfil dos membros da Comissão foi alterado de acordo com os direcionamentos das autoridades responsáveis, o que comprova a nossa hipótese de que o perfil dos conselheiros seria capaz de demonstrar o elemento da governança.

Outra hipótese confirmada é a de que o perfil interdisciplinar da Comissão se alinha à condução da política como de Estado. Destaca-se que, inicialmente, este trabalho projetou a possibilidade de que a política de reparação tivesse se apresentado apenas como de Governo, o que não se confirmou no decorrer do trabalho, uma vez que elementos sólidos foram encontrados no sentido contrário. De acordo com as percepções aqui depreendidas, é possível notar um movimento de retrocessos na Comissão de Anistia, que crescem de forma aparente, o que Eneá de Stutz e Almeida vai chamar de *transição reversa* (ALMEIDA, 2017). É preciso acompanhar esse processo da forma mais efetiva possível, documentar as ações e constatar inconstitucionalidades. A política de reparação é uma política constitucional, sem temporalidade anunciada, e deve ser mantida em movimento com o propósito de consolidar um Estado comprometido com a democracia. Assim, façamos um esforço coletivo para não perder de vista os fundamentos do Estado Democrático de Direito e para compreender a transição democrática como uma demanda da sociedade civil.

Referências bibliográficas

ABRÃO, Paulo et al. As Caravanas da Anistia: um mecanismo privilegiado da justiça de transição brasileira. *Revista Anistia Política e Justiça de Transição*. Brasília: Ministério da Justiça, n. 02, jul./dez, 2009.

______; TORELLY, Marcelo. A justiça de transição no Brasil: a dimensão da reparação. In: ABRÃO, Paulo; SANTOS, Boaventura; MACDOWELL, Cecília; TORELLY, Marcelo (Org.). *Repressão e Memória Política no contexto Ibero-brasileiro:* Estudos sobre Brasil, Guatemala, Moçambique, Peru e Portugal. Coimbra: Universidade de Coimbra; Brasília: Ministério da Justiça, 2010.

______; TORELLY, Marcelo. O programa de reparação como eixo estruturante da justiça de transição no Brasil. In: REÁTEGUI, Félix (Org.). *Justiça de transição:* manual para a América Latina. Brasília: Ministério da Justiça, 2011.

______; CRUZ, Rosane; TORELLY, Marcelo. *Marcas da memória*: história oral da anistia no Brasil. Antonio T. Montenegro, Carla S. Rodeghero, Maria Paula Araújo (Orgs.). Recife: Ed. Universitária da UFPE, 2012.

AGUILAR, Paloma. Judiciary Involvement in Authoritarian Repression and Transitional Justice: The Spanish Case in Comparative Perspective. *The International Journal of Transitional Justice*, vol. 7, 2013.

ALMEIDA, Eneá de Stutz e. Uma breve introdução à Justiça de Transição no Brasil. In: ALMEIDA, Eneá de Stutz e (Org). *Justiça de Transição no Brasil – apontamentos.* Curitiba: CRV, 2017.

______; LIMA, Camila. O conceito de reparação no processo transicional brasileiro. In: ALMEIDA, Eneá de Stutz e (Org). *Justiça de Transição no Brasil – apontamentos.* Curitiba: CRV, 2017.

______; ROSA, Lahis da Silva. *Reforma do Poder Judiciário à luz da justiça de transição.* Rio de Janeiro, iLATINA, 2018. Disponível em: <https://www.conpedi.org.br/wp-content/uploads/2017/08/Lahis-da-Siva-Rosa-e-Ene%C3%A1-de-Stutz-e-Almeida-Brasil.pdf>. Acesso em: out. 2017.

ANAIS DA ASSEMBLEIA CONSTITUINTE. Disponível em: <http://www.senado.leg.br/publicacoes/anais/asp/CT_Abertura.asp>. Acesso em: 18 set. 2017.

ARAÚJO, Mateus; MARONA, Marjore. Quando a justiça corrompe a democracia. In: *Instituto da democracia e democratização da informação.* 15 maio 2018. Disponível em: <https://www.institutodademocracia.org/single-post/2018/05/14/Quando-a-justica-corrompe-a-democracia>. Acesso em: 25 maio 2018.

AVRITZER, L. Cultura política, atores sociais e democratização: uma crítica às teorias da transição para a democracia. In: AVRITZER, Leonardo. *A moralidade da democracia.* SãoPaulo/BeloHorizonte: Perspectiva/UFMG, 1996.

______. *A moralidade da democracia*: ensaios em teoria habermasiana e teoria democrática. São Paulo: Perspectiva, 2012.

BETIM, Felipe. Pressão política de militares no HC de Lula revela como Exército ganha espaço com Temer. *El país.* Disponível em: <https://brasil.elpais.com/brasil/2018/04/04/politica/1522878909_793429.html>. Acesso em: 10 maio 2018.

______. Greve dos caminhoneiros, vitrine desproporcional para a "intervenção militar". *El país.* Disponível em: <https://brasil.elpais.com/brasil/2018/05/30/politica/1527703161_738090.html>. Acesso em: 20 jun. 2018.

BICKFORD, Louis. Transitional Justice. In: *The Encyclopedia of Genocide and Crimes Against Humanity.* Volume III. New York: MacMillan, 2004.

BRANDAO, Eliz. Paulo Abrão se despede para assumir a secretaria da CIDH. *Portal vermelho,* 2016. Disponível em: <http://www.vermelho.org.br/noticia/284914-1>. Acesso em: 10 ago. 2021.

BRASIL. *Constituição da República Federativa do Brasil.* Brasília, DF: Senado Federal, Centro Gráfico, 1988.

_____. *Portaria n. 253 de 23-2-2006.* Aprova o Regimento Interno da Comissão de Anistia. Diário das Leis. Disponível em: <https://www.diariodasleis.com.br/legislacao/federal/101929-aprova-o-regimento-interno-da-comissao-de-anistia.html>. Acesso em: 14 jan. 2019.

_____. *Decreto n. 6.061, de 15 de março de 2007.* Aprova a Estrutura Regimental e o Quadro Demonstrativo dos Cargos em Comissão e das Funções Gratificadas do Ministério da Justiça, e dá outras providências. Disponível em: <http://www.planalto.gov.br/ccivil_03/_Ato2007-2010/2007/Decreto/D6061.htm>. Acesso em: 14 jan. 2019.

_____. *Decreto n. 8.031, de 20 de junho de 2013.* Altera os Anexos I e II ao Decreto n. 6.061, de 15 de março de 2007, que aprova a Estrutura Regimental e o Quadro Demonstrativo dos Cargos em Comissão e das Funções Gratificadas do Ministério da Justiça, e remaneja cargos em Comissão do Grupo-Direção e Assessoramento Superiores - DAS. Disponível em: <http://www.planalto.gov.br/ccivil_03/_Ato2011- 2014/2013/Decreto/D8031.htm#art6>. Acesso em: 20 jan. 2019.

_____. *Resolução n. 1, de 20 de abril de 2016.* Estabelece as ações do programa de reparação e memória, que integram a política nacional de promoção da justiça de transição e da anistia política. *Lex Magister.* Disponível em: <https://www.lex.com.br/legis_27119703_RESOLUCAO_N_1_DE_20_DE_ABRIL_DE_20 16.aspx>. Acesso em: 20 jan. 2019.

_____. *Regimento Interno da Comissão de Anistia.* Disponível em: <http://justica.gov.br/acl_users/credentials_cookie_auth/require_login?came_from=http%3A//justica.gov.br/seus-direitos/anistia/sobre-a-comissao/portaria-1797_2007_regimento-interno.pdf>. Acesso em: 20 jan. 2018.

______. *Ministério da Justiça e Cidadania*. Comissão de Anistia. Relatório anual Comissão de Anistia 2011 / Ministério da Justiça e Cidadania, Comissão de Anistia - Brasília: Ministério da Justiça e Cidadania, 2016.

______. *Ministério da Justiça e Cidadania*. Comissão de Anistia. Relatório anual Comissão de Anistia 2012 / Ministério da Justiça e Cidadania, Comissão de Anistia - Brasília: Ministério da Justiça e Cidadania, 2016.

______. *Ministério da Justiça e Cidadania*. Comissão de Anistia. Relatório anual Comissão de Anistia 2013 / Ministério da Justiça e Cidadania, Comissão de Anistia - Brasília: Ministério da Justiça e Cidadania, 2016.

______. *Ofício n. 57/2017/SIC-Anistia/GABCA/CA-MJ*, de 20-9-2017. Assunto: Resposta ao SIC 08850004165201716. Disponível em: <http://www.consultaesic.cgu.gov.br/busca/dados/Lists/Pedido/Attachments/601118/RESPOSTA_PEDIDO_RESPOSTA%20SIC%20-%2008850004304201701.pdf>. Acesso em: 14 jan. 2019.

______. *Ofício n. 66/2017/SIC-Anistia/GABCA/CA-MJ*, de 9-10-2017. Resposta ao SIC 08850004304201701. Disponível em: <http://www.consultaesic.cgu.gov.br/busca/dados/Lists/Pedido/Attachments/601118/RESPOSTA_PEDIDO_RESPOSTA%20SIC%20-%2008850004304201701.pdf>. Acesso em: 14 jan. 2019.

______. *Portaria n. 1.797 de 2007*. Disponível em: <https://dspace.mj.gov.br/bitstream/1/1852/1/PRT_GM_2007_1797.pdf>. Acesso em: 20 jan. 2019.

______. *Portaria n. 29, de 15 de janeiro de 2018*. Anexo. Aprova o Regimento Interno da Comissão de Anistia. Disponível em: <http://www.justica.gov.br/Acesso/institucional/sumario/regimento/comissao-de-anistia/comissao-de-anistia-portaria-no-29-de-15-de-janeiro-de-2018-diario-oficial-da-uniao-imprensa-nacional.pdf>. Acesso em: 20 jan. 2019.

______. *Medida Provisória n. 870, de 1º de janeiro de 2019*. Estabelece a organização básica dos órgãos da Presidência da República e dos Ministérios. Disponível em: <http://www.planalto.gov.br/ccivil_03/_Ato2019-2022/2019/Mpv/mpv870.htm#art70>. Acesso em: 28 dez. 2018.

BUCCI, Maria Paula Dallari. O conceito de política pública em direito. In: BUCCI, Maria Paula Dallari (Org.). *Políticas públicas:* reflexões sobre o conceito jurídico. São Paulo: Saraiva, 2006.

COHEN, Ernesto; FRANCO, Rolando. *Avaliação de projetos sociais.* Petrópolis: Vozes, 1993.

COLETIVO MEMÓRIA, VERDADE E JUSTIÇA. *Nota do comitê de acompanhamento da sociedade civil da Comissão de Anistia,* 2016. Disponível em: <https://coletivomemoriaverdadejusticasc.wordpress.com/2016/04/04/nota-do-comite-de-acompanhamento-da-sociedade-civil-da-comissao-de-anistia/>. Acesso em: 20 jan. 2019.

COMISSÃO ESPECIAL SOBRE MORTOS E DESAPARECIDOS POLÍTICOS. Disponível em: <http://cemdp.sdh.gov.br/>. Acesso em: 25 jun. 2018.

COMISSÃO NACIONAL DA VERDADE. Disponível em: < http://www.cnv.gov.br/>. Acesso em: 25 jun. 2018.

CONTROLADORIA-GERAL DA UNIÃO. *Operação Esperança Equilibrista investiga desvios de recursos na UFMG. 2017.* Disponível em: <http://www.cgu.gov.br/noticias/2017/12/operacao-esperanca-equilibrista-apura-desvios-de-recursos-na-ufmg>. Acesso em: 20 jan. 2019.

CRESWELL, John W. *Projetos de pesquisa*: Métodos Qualitativo, Quantitativo e Misto. Trad. Magda França Lopes. 3. ed. São Paulo: Artmed, 2010.

DALLARI, Dalmo de Abreu. *Elementos da Teoria Geral do Estado.* São Paulo: Saraiva, 2011.

DAGNINO, E. Construção democrática, neoliberalismo e participação: os dilemas da confluência perversa. *Revista Política & Sociedade,* vol. 1, n. 5, 2004.

DE GREIFF, Pablo. Justice and Reparations. In: DE GREIFF, Pablo (Org.). *The Handbook of Reparations.* Oxford: Oxford University Press, 2006, p. 451-477; id. Justiça e Reparações. *Revista Anistia Política e Justiça de Transição,* n. 03, jan./jun. 2010.

ELSTER, Jo. *Rendición de Cuentas* – La Justicia Transicional en Perspectiva Histórica. Trad. Ezequiel Zaidenwerg. Buenos Aires: Katz, 2006.

FREDERICO, Celso. *A esquerda e o movimento operário – 1964-1984*. v. 1. São Paulo: Novos Rumos, 1987.

GLENDA, Gathe. *A Virada Hermenêutica da Comissão de Anistia*: a anistia brasileira e as diferentes estratégias de reparação (2007-2010). 159 f. Dissertação (Mestrado em História). Programa de Pós-Graduação em História Social (PPGHIS), Instituto de História, Universidade Federal do Rio de Janeiro (UFRJ), Rio de Janeiro, 2015.

HOWLETT, Michael; RAMESH, M.; PERL, Anthony. *Política Pública*: seus ciclos e subsistemas: uma abordagem integral. Rio de Janeiro: Elsevier, 2013.

INSTITUTO DA DEMOCRACIA E DA DEMOCRATIZAÇÃO. *A cara da democracia*. Disponível em: <https://docs.wixstatic.com/ugd/a46f9a_20bd37cb20da4666adf6064cd3b3fe1c.pdf>. Acesso em: 10 jun. 2018.

JANNUZZI, Paulo de Martino. *Monitoramento e Avaliação de Programas Sociais*: uma introdução aos conceitos e técnicas. Campinas: Alínea, 2016.

MEYER, Emilio Peluso Neder (Org.). *Justiça de transição em perspectiva transnacional.* Belo Horizonte: Centro de Estudos sobre Justiça de Transição da UFMG, Secretaria da Rede Latino Americana de Justiça de Transição e Initia Via, 2017.

MINISTÉRIO DA JUSTIÇA. *Revista Anistia Política e Justiça de Transição.* N. 1 (jan./jun. 2009). Brasília: Ministério da Justiça, 2009.

______. *Marcas da Memória II – 2011.* Disponível em: <http://www.justica.gov.br/seus-direitos/anistia/projetos/marcas-da-memoria-ii-2011>. Acesso em: 28 dez. 2018.

______. *Anistia Política.* Disponível em: <http://www.justica.gov.br/seus-direitos/anistia/>. Acesso em: 3 jun. 2018.

______. *Projeto marcas da memória.* Disponível em: <http://www.justica.gov.br/seus-direitos/anistia/projetos/marcas-da-memoria-i-2010>. Acesso em: 15 maio 2018.

______. *Projetos de memória e reparação.* Disponível em: <http://www.justica.gov.br/seus-direitos/anistia/projetos/projetos-de-memoria-e-reparacao#memorial>. Acesso em: 18 maio 2018.

______. COMISSÃO DE ANISTIA. *Livro dos votos da comissão de anistia:* verdade e reparação aos perseguidos políticos no Brasil. Brasília: Ministério da Justiça; Florianópolis: Instituto Primeiro Plano, 2013.

NOBRE, Marcos. *Imobilismo em movimento*: da abertura democrática ao governo Dilma. São Paulo: Cia. das Letras, 2013.

O'DONNELL, Guilhermo; SCHMITTER, Philippe. *Transitions from authoritarian rule* – tentative conclusions about uncertain democracies. London/Baltimore: The Johns Hopkins University Press, 1986.

______. *Sobre o Estado, a democratização e alguns problemas conceituais.* Cadernos Cebrap n. 36, 1991.

ORGANIZAÇÃO DAS NAÇÕES UNIDAS. S/2004/616. O Estado de Direito e a justiça de transição em sociedades em conflito ou pós-conflito. Trad. Marcelo Torelly e Kelen Meregali Model Ferreira. *Revista Anistia Política e Justiça de Transição.* Brasília: Ministério da Justiça, n. 1, jan./jun. 2009, p. 320-351.

OST, François. *O tempo do direito.* Bauru, SP: EDUSC, 2005.

PEREIRA, Anthony. *Political (In)Justice – Authoritarianism and the Rule of Law in Brazil, Chile, and Argentina.* Pittsburgh: Pittsburgh University Press, 2005.

______. *Ditadura e Repressão* – O Estado de Direito no Brasil, Chile e Argentina. São Paulo: Paz e Terra, 2010.

PORTAL VERMELHO. *Biografias da resistência:* Dilma Rousseff. Disponível em: <http://memoriasdaditadura.org.br/biografias-da-resistencia/dilma-rousseff/index.html>. Acesso em: 20 jan. 2019.

PROCOPIUCK, Mario. *Políticas Públicas e fundamentos da administração pública:* análise e avaliação, governança e rede de políticas públicas, administração judiciária. São Paulo: Atlas, 2013.

REIS FILHO, Daniel Aarão. *Ditadura e democracia no Brasil:* do golpe de 1964 à Constituição de 1988. Rio de Janeiro: Zahar, 2014.

ROUSSEAUX, Fabiana. *A coragem da testemunha*. Tomar a palavra diante do Estado. In: MINISTÉRIO DA JUSTIÇA. Uma perspectiva clínico-política na reparação simbólica: Clínica do Testemunho do Rio de Janeiro / coordenação, Vera Vital Brasil... [et al.] ; Instituto Projetos Terapêuticos, Ministério da Justiça, Comissão de Anistia. Brasília: Ministério da Justiça, Comissão de Anistia; Rio de Janeiro: Instituto Projetos Terapêuticos, 2015.

SECCHI, Leonardo. *Políticas públicas*: conceitos, esquemas de análise, casos práticos. São Paulo: Cengage Learning, 2010.

SILVA FILHO, J. C. M. da. Marcos Teóricos da Justiça de Transição e os Processos Transicionais na América Latina. In: SOUSA JUNIOR, José Geraldo et al. (Orgs.). *O Direito achado na rua*, vol. 7: Introdução crítica à justiça de transição na América Latina. 1. ed. Brasília: UnB, 2015. Disponível em: <http://www.justica.gov.br/central-de-conteudo/anistia/anexos/direito-achado-na-rua-vol-7_pdf.pdf>. Acesso em: 1º jul. 2017.

SOUSA JUNIOR, J. G. de. Justiça de Transição: Direito à memória e à verdade. In: SOUSA JUNIOR, José Geraldo et al. (Orgs.). *O Direito achado na rua*, vol. 7: Introdução crítica à justiça de transição na América Latina. 1. ed. Brasília: UnB, 2015.

SOUSA, Nair Heloisa Bicalho; SOUSA JUNIOR, José Geraldo. Justiça de Transição: Direito à memória e à verdade. Sousa Junior, José Geraldo de. *O Direito achado na rua*: introdução crítica à justiça de transição na América Latina / José Geraldo de Sousa Junior, José Carlos Moreira da Silva Filho, Cristiano Paixão, Lívia Gimenes Dias da Fonseca, Talita Tatiana Dias Rampin. 1. ed. Brasília, DF: UnB, 2015.

TEITEL, Ruti G. *Transitional Justice*. Oxford/New York: Oxford University Press, 2000.

TORELLY, Marcelo. Justiça de Transição – origens e conceito. In: SOUSA JÚNIOR, José Geraldo de et al. (Orgs.). *O Direito achado na rua*: introdução crítica à justiça de transição na América Latina. 1. ed. Brasília, DF: UnB, 2015.

TOSI, G.; SILVA, J. P. de A. A Justiça de Transição no Brasil e o Processo de Democratização. In: TOSI, Giuseppe et al. (Orgs.). *Justiça de transição:* direito à justiça, à memória e à verdade. João Pessoa: Editora da UFPB, 2014. Disponível em: <http://www.cchla.ufpb.br/ncdh/wp-content/uploads/2015/12/justica_de_transicao.pdf>. Acesso em: 3 jul. 2018.

VALENTE, Rubens; URIBE, Gustavo. *Temer dá a militares controle sobre áreas sensíveis do Governo.* In: *Folha de S.Paulo,* 5 março 2018. Disponível em: <https://www1.folha.uol.com.br/poder/2018/03/temer-da-a-militares-controle-sobre-areas-sensiveis-do-governo.shtml>. Acesso em: 28 maio 2018.

VAN ZYL, Paul. Promovendo a Justiça Transicional em sociedades pós-conflito. In: *Revista Anistia Política e Justiça de Transição.* Brasil: Ministério da Justiça,n. 1, jan./jun., 2009.